# 한눈에 익히는 명심보감

## 明心寶鑑

장개충 편저

나무의 꿈

한눈에 익히는
**명심보감**(明心寶鑑)

2판 2쇄  2014년 11월 10일
1판 1쇄  2008년 3월 5일

편저자 | 장개충
펴낸이 | 이환호
펴낸곳 | 나무의꿈

등록번호 | 제 10-1812호
주 소 | 서울특별시 마포구 서교동 463-36 Y빌딩 2층
전 화 | 02)332-4037  팩 스 | 02)332-4031

ISBN  978-89-91168-35-0  12140

* 잘못 만들어진 책은 구입한 곳에서 교환해 드립니다.

## 책머리에

　**명심보감**은 성현(聖賢)들의 주옥같은 금언(金言)과 교훈이 되는 명구(名句)를 추려 모은 인격 수양서(修養書)이다. 일찍이 선조들이 널리 애독하고 소중히 여겼던 도덕 교과서로서 우리 민족의 정신적 가치관 형성에 일익을 담당해 왔다.

　**명심보감**은 한마디로 '마음을 밝게 하는 거울'이다. 비록 한문 고전에서 단편적인 교훈을 모아 놓은 것이지만 그 생명과 가치는 오늘에도 생생하게 빛을 내며 따라서 모든 사람들이 항상 좌우명(座右銘)으로 삼고 본받아야 할 가르침의 말들이다.

　**명심보감**의 내용은 본래 계선편·천명편 등 모두 20편으로 되어 있었으나 후일에 와서 증보편·효행편 속·염의편·권학편을 증보하여 보강한 것이 있는가 하면, 팔반가 한 편만을 보완한 증보판도 보이나 여기에는 전 내용을 모두 수록하였다.

　모쪼록 이 책을 통해 많은 사람들이 선한 본성을 되찾고 인격을 도야하여 인류의 역사와 문화발전에 기여하는 지성인이 될 것을 바라마지 않는다.

2008년 새해에
편저자 씀

# 차례

| | |
|---|---|
| 책머리에/ | 3 |
| 계선편(繼善篇) | 6 |
| 천명편(天命篇) | 16 |
| 순명편(順命篇) | 22 |
| 효행편(孝行篇) | 26 |
| 정기편(正己篇) | 32 |
| 안분편(安分篇) | 59 |
| 존심편(存心篇) | 65 |
| 계성편(戒性篇) | 81 |
| 근학편(勤學篇) | 92 |
| 훈자편(訓子篇) | 101 |
| 성심편(省心篇)·上 | 107 |
| 성심편(省心篇)·下 | 149 |
| 입교편(立敎篇) | 182 |
| 치정편(治政篇) | 206 |
| 치가편(治家篇) | 215 |
| 안의편(安義篇) | 220 |
| 준례편(遵禮篇) | 224 |
| 언어편(言語篇) | 230 |
| 교우편(交友篇) | 236 |
| 부행편(婦行篇) | 242 |
| 증보편(增補篇) | 249 |
| 팔반가(八反歌) | 252 |
| 효행편 속(孝行篇 續) | 262 |
| 염의편(廉義篇) | 269 |
| 권학편(勸學篇) | 276 |

# 명심보감
## 明心寶鑑

마음을 밝게 하는 거울

각종 시험의 필독서!
선인들의 지혜를 한눈에 익힌다!
한번보면 근본적으로 이해된다!

# 계선편(繼善篇)
## 선행(善行)에 대한 글

**1**

## 子曰,
자 왈,

## 爲善者는 天報之以福하고 爲不善者는 天報之以禍니라.
위선자 천보지이복 위불선자 천보지이화

공자가 말씀하셨다.

선(善)한 일을 하는 사람은 하늘이 복으로써 갚아주고 악(惡)한 일을 하는 사람은 하늘이 재앙으로써 갚아주느니라.

> ✏️ 공자(孔子) : B.C. 552~479. 춘추(春秋)시대 노(魯)나라의 창평향 추읍(昌平鄕 陬邑), 지금의 산동성(山東省) 곡부현(曲阜縣)에서 출생하였음. 이름은 구(丘), 자(字)는 중니(仲尼)이다.

報 갚을 보. 以 써 이. 福 복 복. 禍 재앙 화.

## 2

漢昭烈이 將終에 勅後主曰,
한 소 열    장 종    칙 후 주 왈

勿以善小而不爲하고 勿以惡小而爲之하
물 이 선 소 이 불 위    물 이 악 소 이 위 지

라.

한(漢)나라 소열황제(昭烈皇帝)가 장차 임종하려 할 때에 후주(後主, 劉禪)에게 조칙을 내리길,

선(善)한 일이 작다고 해서 아니 하지 말며, 악(惡)한 일이 작다고 해서 하지 말라.

> 한소열(漢昭烈) : B.C 160~223. 삼국시대 촉한(蜀漢)의 소열황제(昭烈皇帝). 성은 유(劉), 이름은 비(備), 자는 현덕(玄德), 소열(昭烈)은 그의 시호이다. 후에 한중왕(漢中王)에 올랐다.

將 장차 장. 終 마칠 종. 勅 칙서 칙. 勿 금지(말) 물.

3

# 莊子曰,
장자왈,

# 一日不念善이면 諸惡이 皆自起니라.
일 일 불 념 선     제 악   개 자 기

장자가 말하였다.

하루라도 선(善)한 일을 염두에 두지 않으면 모든 악(惡)한 것이 다 저절로 일어나느니라.

> 장자(莊子) : B.C. 356~290. 이름은 주(周). 송(宋)나라 사람. 노자(老子)의 무위자연설(無爲自然說)을 발전시켜서 노장사상(老莊思想)을 이루었고, 만물 일원론(萬物一元論)을 주장하였다. 그는 사생을 초월하여 절대 무한의 경지에 소요(逍遙)함을 목적으로 하였고, 그 인생은 천명(天命)이라는 숙명설(宿命說)을 취했다.

諸 모든 제, 皆 다(대개) 개, 起 일어날 기.

4

太公曰,
태공왈,

見善如渴하고 聞惡如聾하라 又曰 善事는
견선여갈      문악여롱      우왈 선사

須貪하고 惡事는 莫樂하라.
수탐     악사   막락

태공이 말하였다.
 선(善)한 것을 보거든 목마를 때 물을 보듯 하고, 악(惡)한 것을 듣거든 귀 먹은 것처럼 하라. 또 이르기를, 선(善)한 일은 모름지기 탐내고 악(惡)한 일은 즐겨하지 마라.

> 태공(太公) : 본명(本名)은 여상(呂尙), 여망(呂望)이라고도 한다. 위수(渭水)에서 낚시를 하다가 문왕(文王)에게 발탁되었으며, 문왕이 죽은 후 그의 아들 무왕을 섬겨 은(殷)나라의 폭군인 주(紂)를 멸하고 주왕조(周王朝)를 창건하였다. 그 공로로 제(齊)나라의 시조가 되었다.

渴 목마를 갈, 聾 귀머거리 롱, 須 모름지기 수, 貪 탐할 탐.

## 5

**馬援曰,**
마 원 왈,

**終身行善**이라도 **善猶不足**이요 **一日行惡**
종 신 행 선              선 유 부 족              일 일 행 악

이라도 **惡自有餘**니라.
       악 자 유 여

마원이 말하였다.

죽을 때까지 선(善)한 일을 해도 선한 일은 오히려 부족하고, 하루라도 악(惡)한 일을 행하면 악한 일은 저절로 남음이 있느니라.

> 마원(馬援) : B.C. 11~A.D. 49. 후한(後漢)의 장군. 티베트족을 정벌하고 남방 교지(南方交趾)의 반란을 평정하고 흉노(匈奴)를 토벌하는 등 많은 공(功)을 세웠다. 그리하여 복파장군(伏波將軍)에 임명되었다.

援 구원할 원, 猶 오히려 유, 足 족할 족, 餘 남을 여.

## 6

司馬溫公曰,
사마온공왈,

積金以遺子孫이라도 未必子孫이 能盡守
적금이유자손             미필자손   능진수

요 積書以遺子孫이라도 未必子孫이 能盡
   적서이유자손             미필자손   능진

讀이니 不如積陰德於冥冥之中하여 以爲
독      불여적음덕어명명지중          이위

子孫之計也니라.
자손지계야

 사마온공이 말하였다.
 금(돈)을 모아서 자손에게 남겨주더라도 자손이 지킬 수 없을 것이고, 책을 모아서 자손에게 남겨주더라도 자손이 다 읽을 수 없을 것이다. 차라리 모르는 가운데 음덕(陰德)을 쌓아서 자손을 위한 계책을 하느니만 같지 못하니라.

▶ 사마온(司馬溫) : 1019~1086. 북송(北宋)의 정치가이며 학자. 이름은 광(光), 자(字)는 군실(君實), 호는 우부(迂夫) 또는 우수(迂叟). 시호는 문정(文正)인데, 온국공(溫國公)에 봉하였기 때문에 흔히 사마온공(司馬溫公)이라 한다. 「자치통감(資治通鑑)」을 저술하였다.

積 쌓을 적, 遺 남길(끼칠) 유, 讀 읽을 독, 盡 다할 진, 陰 응달 음,
德 덕 덕, 冥 어두울 명, 計 꾀 계.

## 7

景行錄에 曰,

恩義를 廣施하라 人生何處不相逢가 讐怨을 莫結하라 路逢狹處면 難回避니라.

「경행록」에 말하였다.

은혜로운 일과 의(義)로운 일을 널리 베풀라. 사람살이가 어느 곳에서든 서로 만나지 않겠는가. 원수와 원한을 맺지 말라. 길이 좁은 곳에서 만나면 회피하기 어려우니라.

> 경행록(景行錄) : 송(宋)나라 때 지은 책.

恩 은혜 은, 廣 넓을 광, 施 베풀 시, 逢 만날 봉, 讐 원수 수, 怨 원망할 원, 狹 좁을 협, 難 어려울 난, 避 피할 피.

## 8

莊子曰,

於我善者도 我亦善之하고 於我惡者도 我亦善之니라 我旣於人에 無惡이면 人能於我에 無惡哉인저.

장자가 말하였다.
　나에게 선(善)하게 하는 자에게도 내 또한 선하게 하고, 나에게 악(惡)하게 하는 자에게라도 나는 또한 선하게 할 것이다. 내가 이미 남에게 악하게 함이 없으면 남도 나에게 악하게 함이 일이 없을 것이다.

亦 또 역. 旣 이미 기. 能 능할(능히) 능. 哉 어조사 재.

## 9

東岳聖帝垂訓에 曰,

一日行善이라도 福雖未至나 禍自遠矣요

一日行惡이라도 禍雖未至나 福自遠矣라

行善之人은 如春園之草하여 不見其長이라도 日有所增하고 行惡之人은 如磨刀之石하여 不見其損이라도 日有所虧니라.

　동악성제(東岳聖帝) 「수훈(垂訓)」에 말하였다.
　하루 선(善)한 일을 행하면 비록 복(福)이 바로 오는 것은 아니지만 화(禍, 재앙)는 저절로 멀어지고, 하루 악(惡)한 일을 행하면 재앙이 곧 오지는 않으나 복은 저절로 멀어진다. 선(善)한 일을 하는 사람은 봄 동산의 풀과 같아서 자라는 것이 보이지는 않지만 날마다 자라는 것이 있고, 악(惡)한 일을 하는 사람은 칼을 가는 숫돌과 같아서 닳아 없어지는 것은 보이지 않지만 날마다 이지러지는 바가 있을 것이니라.

**동악성제**(東岳聖帝) : 도가(道家)에 속하는 사람으로, 사람의 수명과 복록(福祿)을 맡는다는 '태산부군(泰山府君)'의 다른 이름. 동악묘(東岳廟, 태산의 신을 모심)의 본존(本尊). **수훈**(垂訓) : 훈계를 내림.

## 10

子曰
자 왈,

見善如不及하고 見不善如探湯하라.
견 선 여 불 급     견 불 선 여 탐 탕

공자가 말씀하셨다.
선(善)한 일을 보거든 미치지 못할 것처럼 여기고, 선하지 않은 일을 보거든 끓는 물을 더듬는 것처럼 여겨라.

垂 드리울 수, 訓 가르칠 훈, 雖 비록 수, 至 이를 지, 禍 재앙 화,
如 같을 여, 園 동산 원, 所 바 소, 增 더할 증, 磨 갈 마, 刀 칼 도,
損 덜 손, 虧 이지러질 휴.
及 미칠 급, 探 더듬을 탐, 湯 물 끓을 탕.

# 천명편(天命篇)
하늘의 명(命)에 대한 글

1

孟子曰
맹 자 왈 ,

順天者는 存하고 逆天者는 亡이니라.
순 천 자    존         역 천 자    망

맹자가 말씀하셨다.
하늘의 명(命)에 순종하는 자는 살아남고, 하늘의 명을 거역하는 자는 망하느니라.

> 맹자(孟子) : B.C. 372~289. 전국시대(戰國時代)의 사상가(思想家). 이름은 가(軻). 자는 자여(子輿) 또는 자거(子車). 산동성(山東省) 추현(鄒縣)에서 출생하였음. 공자의 학문을 계승 발전시켜서 인의예지(仁義禮智)의 네 가지 덕이 인간의 본성이라 하여 '성선설(性善說)'을 주장하였음. 천명(天命) : 하늘의 명령.

順 순할 순. 存 있을 존. 逆 거스를 역. 亡 망할 망.

## 2

**康節邵先生曰,**

**天聽**이 **寂無音**하니 **蒼蒼何處尋**고 **非高亦非遠**이라 **都只在人心**이니라.

강절 소선생이 말하였다.
하늘의 들으심이 고요하여 소리가 없으니, 푸르고 푸른 어느 곳에서 찾을까. 그것은 높지도 않고 또한 멀지도 않다. 다만 모두가 사람 마음속에 있느니라.

- 강절 소선생(康節邵先生) : 1011~1077. 송(宋)나라 때 유학자(儒學者). 이름은 옹(雍), 자는 요부(堯夫), 강절(康節)은 그의 시호이다.

---

聽 들을 청. 寂 고요할 적. 蒼 푸를 창. 尋 찾을 심. 都 모두 도. 只 다만 지.

**玄帝垂訓**에 曰,
현 제 수 훈   왈

**人間私語**라도 **天聽**은 **若雷**하고 **暗室欺心**
인 간 사 어      천 청    약 뢰      암 실 기 심

이라도 **神目**은 **如電**이니라.
      신 목    여 전

현제(玄帝)의 「수훈(垂訓)」에서 말하였다.
 인간이 은밀히 사사로이 하는 말이라도 하늘이 듣는 것은 우레와 같고, 어두운 방안에서 자신의 마음을 속일지라도 신(神)이 보는 것은 번갯불처럼 밝게 보느니라.

▶ 현제(玄帝) : 도교(道敎)에서 말하는 신. 천제(天帝).

帝 임금 제, 語 말씀 어, 若 같을 약, 雷 우레 뢰, 暗 어두울 암, 室 집 실, 欺 속일 기, 神 귀신 신, 目 눈 목, 如 같을 여, 電 번개 전.

**4**

## 益智書에 云,
## 惡鑵이 若滿이면 天必誅之니라.

익지서(益智書)에서 말하였다.
만약 악한 그릇(나쁜 마음)이 가득해지면 하늘이 반드시 벌하여 베느니라.

▶ 익지서(益智書) : 송(宋)나라 때의 교양에 관한 서적.

鑵 두레박 관, 若 만약(혹시) 약, 滿 가득할 만, 誅 벨 주.

5

莊子曰,
장자왈,

若人이 作不善하여 得顯名者는 人雖不害나 天必戮之니라.
약인 작불선 득현명자 인수불해 천필육지

장자(莊子)가 말하였다.
만일 사람이 선하지 않은 일을 해서 세상에 이름을 드날린 자는, 사람이 비록 해치지 않더라도 하늘이 반드시 죽이느라.

若 만일(혹시) 약. 得 얻을 득. 顯 나타날 현. 雖 비록 수. 害 해칠 해.
戮 죽일 육(륙).

## 6

種瓜得瓜요 種豆得豆니 天網이 恢恢하여 疎而不漏니라.

오이를 심으면 오이를 얻고, 콩을 심으면 콩을 얻으니, 하늘의 그물이 넓고 넓어서 성글기는 하되 새지는 않느니라.

## 7

子曰,

獲罪於天이면 無所禱也니라.

공자가 말씀하셨다.
(나쁜 일로) 하늘에 죄를 얻으면 빌 곳이 없느니라.

種 심을 종, 瓜 오이 과, 得 얻을 득, 豆 콩 두, 網 그물 망, 恢 넓을 회, 疎 성글 소, 漏 샐 루.
獲 얻을 획, 罪 허물 죄, 所 바 소, 禱 빌 도.

# 순명편(順命篇)

운명에 따르는 글

1

子曰,
자 왈

死生이 有命이요 富貴는 在天이니라.
사 생   유 명   부 귀   재 천

공자가 말씀하셨다.

죽고 사는 것은 명(命)에 있고, 부(富)하고 귀(貴)한 것은 하늘에 달렸느니라.

> 순명(順命) : 운명에 따르다. 하늘의 명을 따르고 순종해야 한다.

---

順 순할 순. 死 죽을 사. 命 목숨 명. 富 부자(가멸) 부. 貴 귀할 귀. 在 있을 재.

## 2

**萬事**가 **分已定**이어늘 **浮生**이 **空自忙**이니라.
만사   분이정      부생    공자망

세상 모든 일은 분수(分數)가 이미 정해져 있는데, 세상 사람들은 혼자서 부질없이 바쁘게 움직이느니라.

## 3

**景行錄**에 **云**,
경행록    운

**禍不可倖免**이요 **福**은 **不可再求**니라.
화불가행면      복    불가재구

「경행록(景行錄)」에서 말하였다.
화(禍)는 가히 요행으로는 면할 수 없고, 복(福)은 가히 두 번 다시 구하려 하지 말지니라.

---

萬 일만 만, 事 일 사, 定 정할 정, 浮 뜰 부, 空 빌 공, 忙 바쁠 망.
禍 재앙 화, 倖 요행 행, 免 면할 면, 福 복 복, 再 두 재, 求 구할 구.

## 4

時來면 風送滕王閣이요 運退면 雷轟薦福
시 래　　풍 송 등 왕 각　　　　운 퇴　　뇌 굉 천 복

碑라.
비

때가 오니 바람이 등왕각으로 보내고, 운수(運數)가 물러가니 벼락이 천복비에 떨어졌느니라.

> 왕발(王勃) : 당(唐)나라 때의 시인으로 자는 자안(子安). 「등왕각 서(滕王閣序)」를 지어서 세상에 널리 알려졌음. 등왕각(滕王閣) : 양자강 유역 남창(南昌)에 있는 누각. 천복비(薦福碑) : 강서성 천복사에 있던 비(碑). 원나라 때 마치원(馬致遠)이 세운 것이라는 설도 있고, 당나라 때 세워지고 구양순(歐陽詢)이 비문을 썼다는 설도 있음.

※ 당나라 때 왕발은 순풍을 타고 하룻밤 사이에 남창 7백 리를 가서 등왕각 연회에 참석하여 「등왕각 서문」을 지었음.
구래공(寇萊公)의 문객 한 사람은 천복비의 탁본을 해오면 후사하겠다는 부탁을 받고 그곳에 갔다가 벼락이 치는 바람에 허탕친 일이 있다 함.

雷 우레 뢰, 轟 울릴 굉, 薦 천거할 천, 福 복 복, 碑 돌기둥 비.

## 5

列子曰,

癡聾瘖瘂도 家豪富요 知慧聰明도 却受貧이라 年月日時該載定하니 算來由命不由人이니라.

열자가 말하였다.
어리석고 말 못하는 벙어리라도 집은 호화롭고 부자요, 지혜롭고 총명한 자라도 도리어 가난함을 받느니라. 타고난 (운수는) 연월일시에 따라 이미 정해져 있으니, 계산해 보면 명(命)에 말미암고 사람에게 말미암지 않느니라.

> 열자(列子) : 이름은 어구(御寇)로 전국시대 노나라 사람. 사상은 도가(道家)에 속하였으며 충허진인(沖墟眞人), 지덕충허진인(至德沖虛眞人) 등의 칭호가 있음. 음아(瘖瘂) : 말을 못하는 벙어리.

癡 어리석을 치, 聾 귀머거리 롱, 瘖 벙어리 음, 瘂 벙어리 아, 豪 호걸 호, 慧 슬기로울 혜, 聰 귀 밝을 총, 却 도리어 각, 該 그 해, 載 실을 재.

# 효행편(孝行篇)
부모에게 보답하는 글

## 1

詩에 曰,
시　　왈

父兮生我하시고 母兮鞠我하시니
부 혜 생 아　　　　모 혜 국 아

哀哀父母여 生我劬勞하셨다.
애 애 부 모　　생 아 구 로

欲報深恩인대 昊天罔極이로다.
욕 보 심 은　　　호 천 망 극

「시경(詩經)」에서 말하였다.
　아버지시여 나를 낳으시고, 어머니시여 나를 기르시니, 슬프고 슬프도다! 부모님이시여! 나를 낳아 기르시느라 애쓰셨도다. 그 깊은 은혜 갚고자 하면 저 높은 하늘과 같아 다함이 없음이로다.

➤ 시경(詩經) : 삼경(三經)의 하나로, 주(周)나라 대(代)까지의 시(詩)를 공자가 뽑아 편찬했음.

---

鞠 기를 국, 哀 슬플 애, 報 갚을 보, 昊 하늘 호, 罔 없을 망, 極 다할 극.

## 2

子曰,

孝子之事親也에 居則致其敬하고 養則致其樂하고 病則致其憂하고 喪則致其哀하며 祭則致其嚴이니라.

공자가 말씀하셨다.

효자가 어버이를 섬김에 있어서는 그 기거(起居)하심에 공경을 다하고, 봉양함에 있어서는 그 즐거움을 다하며, 병이 나시면 진정으로 근심하고, 상례를 치를 때에는 슬픔을 다하며, 제사지낼 때에는 엄숙한 마음으로 다하느니라.

親 어버이 친, 致 극진히 할 치, 敬 공경할 경, 養 기를 양, 樂 즐길 락, 病 병 병, 憂 근심할 우, 喪 죽을 상, 祭 제사 제, 嚴 엄할 엄.

## 3

**子曰,**
자 왈,

**父母在**어시든 **不遠遊**하며 **遊必有方**이니라.
부 모 재　　　　불 원 유　　　　유 필 유 방

공자가 말씀하셨다.
　부모가 살아계시거든 집을 멀리 떠나 나돌지 아니하며, 집을 떠나 나돌 때에도 반드시 일정한 곳에 머물러야 하느니라.

在 있을 재. 遠 멀 원. 遊 놀 유. 方 모 방.

## 4

子曰,
父命召어시든 唯而不諾하고 食在口면 則吐之니라.

공자가 말씀하셨다.
부모께서 부르시거든 '예'하고 바로 대답하고 머뭇거리지 말며 음식이 입에 들었거든 뱉어내고 달려갈지니라.

召 부를 소. 唯 대답할 유. 諾 대답할 낙. 則 곧 즉. 吐 토할(뱉어낼) 토.

## 5

**太公曰,**
태공 왈,

**孝於親**이면 **子亦孝之**하나니 **身旣不孝**면
효 어 친   자 역 효 지   신 기 불 효

**子何孝焉**이리오.
자 하 효 언

태공이 말하였다.

내가 부모에게 효도하면 내 자식이 또한 나에게 효도하나니, 내가 이미 어버이에게 불효했다면 자식이 어찌 나에게 효도하리오.

---

身 몸(자신) 신. 旣 이미 기. 何 어찌 하. 焉 어조사 언.

6

**孝順**은 **還生孝順子**요 **忤逆**은 **還生忤逆子**하나니 **不信**커든 **但看簷頭水**하라 **點點滴滴不差移**니라.

부모에게 효도하고 순종한 사람은 또한 효도하고 순종하는 자식을 낳을 것이요, 부모에게 거스르고 거역한 사람은 또한 거스르고 거역하는 자식을 낳느니라. 믿지 못하거든 처마 끝에 떨어지는 낙수를 보라. 방울방울 떨어짐이 조금도 어긋남이 없느니라.

---

忤 거스를 오, 逆 거스를 역, 簷 처마 첨, 點 점 점, 滴 물방울 적.

# 정기편(正己篇)
## 올바른 성품과 하늘의 이치

1

**性理書**에 **云**,

**見人之善**이어든 **而尋己之善**하고 **見人之惡**이어든 **而尋己之惡**이니 **如此**라야 **方是有益**이니라.

「성리서(性理書)」에서 말하였다.
 남의 선(善)한 일을 보거든 나의 선한 일을 찾고, 남의 악(惡)한 일을 보거든 나의 악한 일을 찾을 것이니, 이와 같이 하여야 바야흐로 유익함이 있느니라.

> 정기(正己) : 마음과 행실을 바르게 하다. 正은 一과 止. 곧 만물을 창조하고 섭리하는 하늘, 하늘의 도리를 뜻한다. 「성리서(性理書)」: 송(宋)나라 때 유학자들이 인간의 심성과 우주의 원리에 관한 책.

尋 찾을 심. 如 같을 여. 此 이 차. 是 옳을 시. 益 더할 익.

## 2

**景行錄**에 云,
경행록   운

**大丈夫**는 **當容人**이언정 **無爲人所容**이니라.
대장부   당용인   무위인소용

「경행록」에서 말하였다.
대장부는 마땅히 남을 용서할지언정 남에게 용서받는 일은 없어야 할지니라.

---

當 당할(마땅히) 당. 無 없을(~하지 마라) 무. 所 바 소.

## 3

太公이 曰,
勿以貴己而賤人하고 勿以自大而蔑小하고 勿以恃勇而輕敵이니라.

태공이 말하였다.
 자신을 귀하게 여기고 남을 천하게 여기지 말며, 자신을 크다 여겨 남을 작게 업신여기지 말며, 나의 용맹을 믿고 적을 가벼이 여기지 말지니라.

---

賤 천할 천. 蔑 업신여길 멸. 恃 믿을 시. 勇 날쌜 용. 輕 가벼울 경.

4

**馬援**이 **曰**,
마 원    왈

**聞人之過失**이어든 **如聞父母之名**하여 **耳**
문 인 지 과 실           여 문 부 모 지 명         이

**可得聞**이언정 **口不可言也**니라.
가 득 문         구 불 가 언 야

 마원(馬援)이 말하였다.
 남의 과실(허물)을 듣거든 부모의 이름을 들은 것처럼 하여 귀로는 들을지언정 입으로는 말하지 말지니라.

過 허물 과, 失 잃을 실, 得 얻을(깨달을) 득, 聞 들을 문.

5

康節邵先生이 曰,
강절 소 선생    왈,

聞人之謗이라도 未嘗怒하며 聞人之譽라도
문인지방      미상노      문인지예

未嘗喜하며 聞人之惡이라도 未嘗和하며 聞
미상희    문인지악      미상화    문

人之善이면 則就而和之하고 又從而喜之
인지선    즉취이화지      우종이희지

니라 其詩曰 樂見善人하고 樂聞善事하며
    기시왈 낙견선인      낙문선사

樂道善言하고 樂行善意하라 聞人之惡이
낙도선언    낙행선의    문인지악

어든 如負芒刺하고 聞人之善이어든 如佩蘭
    여부망자      문인지선      여패난

蕙니라.
혜

강절 소선생이 말하였다.
다른 사람으로부터 비웃음을 받더라도 성내지 말며, 다른 사람으로부터 칭찬을 들더라도 기뻐하지 말며, 다른 사람의 악행을 듣더라도 이에 동조하지 말며, 다른 사람의 선행을 듣거든 나아가 어울리고 함께 기뻐할지니라.

시(詩)에는 이렇게 말하였다.

선(善)한 사람 보기를 즐거워하고
선한 일을 듣기를 즐거워하며
선한 말을 하기를 즐거워하고
선한 뜻을 행하기를 즐거워하라.
다른 사람의 허물을 듣거든
가시를 등에 진 것처럼 여기고,
다른 사람의 선함을 듣거든
난초와 혜초를 몸에 지닌 것처럼 여겨라.

> 난혜(蘭蕙) : 난초(蘭草)와 혜초(蕙草). 난초가 향기를 풍기듯 군자는 덕(德)을 주변 사람에게 풍겨야 한다는 뜻. 망자(芒刺) : 까끄라기나 가시 같은 것.

謗 비방할 방, 未 아닐 미, 嘗 일찍 상, 怒 성낼 노, 譽 기릴 예, 喜 기쁠 희, 和 화할 화, 善 착할 선, 就 나아갈 취, 又 또 우, 從 좇을 종, 樂 즐길 락, 事 일 사, 道 말할 도, 意 뜻 의, 負 질 부, 芒 까끄라기 망, 刺 가시 자, 찌를 자(척), 如 같을 여, 佩 찰 패, 蘭 난초 란, 蕙 혜초 혜.

## 6

道吾善者는 是吾賊이요 道吾惡者는 是吾師니라.

나의 선(善)한 것을 말해 주는 사람은 곧 나에게 해로운 사람이요, 나의 악한 것을 말해 주는 사람은 나의 스승이니라.

## 7

太公이 曰,

勤爲無價之寶요 愼是護身之符니라.

태공이 말하였다.
부지런함은 값이 없는 (값으로 헤아릴 수 없는) 보배가 되고 조심함은 몸을 보호하는 부적(신표)이니라.

---

道 길(말하다) 도, 吾 나 오, 善 착할 선, 賊 도둑 적, 師 스승 사.
勤 부지런할 근, 寶 보배 보, 愼 삼갈 신, 護 보호할 호, 符 부신 부.

8

景行錄에 曰,

保生者는 寡慾하고 保身者는 避名이니 寡慾은 易나 無名은 難이니라.

「경행록」에서 말하였다.
 삶을 보전하려는 사람은 욕심을 적게 하고, 몸을 보전하려는 사람은 이름을(명예를) 피해야 하니, 욕심을 적게 하기는 쉬우나 이름(명예)을 없게 하기는 어려우니라.

保 지킬 보, 寡 적을 과, 避 피할 피, 易 쉬울 이, (바꿀 역), 難 어려울 난.

## 9

子曰,
자 왈,

君子有三戒하니 少之時엔 血氣未定이라
군자유삼계    소지시   혈기미정

戒之在色하고 及其壯也하여는 血其方剛이
계지재색   급기장야     혈기방강

라 戒之在鬪하고 及其老也하여는 血其旣衰
계지재투    급기로야     혈기기쇠

라 戒之在得이니라.
계지재득

공자가 말씀하셨다.

군자(君子)가 세 가지 경계할 것이 있으니, 어릴 때에는 혈기가 아직 성숙되지 않은 때라 여색(女色)을 경계하고, 장성함에 이르러서는 혈기가 강성하니 다툼(싸움)을 경계하고, 늙음에 이르러서는 혈기가 이미 쇠잔한지라 탐하여 얻으려는 것을 경계해야 하느니라.

---

戒 경계할 계, 血 피 혈, 氣 기운 기, 定 정할 정, 色 빛 색, 及 미칠 급,
壯 씩씩할 장, 剛 굳셀 강, 鬪 싸움 투, 旣 이미 기, 衰 쇠할 쇠.

10

孫眞人養生銘에 云,

怒甚偏傷氣요 思多太損神이라

神疲心易役이요 氣弱病相因이라

勿使悲歡極하고 當令飮食均하라

再三防夜醉하고 第一戒晨嗔하라.

손진인(孫眞人) 「양생명(養生銘)」에서 말하였다.
성냄(노여움)이 심하면 기운을 상하게 하고
생각이 많으면 정신을 상하게 한다.
정신이 피로하면 마음이 쉽게 지치고
기운이 약하면 병이 따라서 생긴다.
슬퍼하고 기뻐함을 지나치지 말고
마땅히 음식을 고르고 일정하게 하라.
밤에 술에 취하는 일을 거듭 삼가고
새벽에 성내는 일을 가장 경계하라.

> 손진인 양생명(孫眞人養生銘) : 손진인(孫眞人)이란 도가(道家)에 속하는 사람으로 이름은 알려지지 않았음. 양생(養生)이란 몸과 마음을 건강하게 하여 오래 살기를 꾀하는 것이니, 「양생명(養生銘)」이란 곧 양생하는 계명(戒銘)을 일컬음.

## 11

**景行錄**에 **曰**,
경 행 록    왈

**食淡精神爽**이요 **心淸夢寐安**이니라.
식 담 정 신 상     심 청 몽 매 안

「경행록」에서 말하였다.
음식이 담박하면 정신이 상쾌하고, 마음이 맑으면 꿈과 잠자리가 편안하니라.

---

怒 성낼 노, 甚 심할 심, 偏 치우칠 편, 傷 상처 상, 損 덜 손, 疲 지칠 피,
役 부릴 역, 因 인할 인, 悲 슬플 비, 歡 기뻐할 환, 極 다할 극,
當 마땅할 당, 令 영 령, 均 고를 균, 醉 취할 취, 第 차례 제,
戒 경계할 계, 晨 새벽 신, 嗔 성낼 진,
淡 담박할 담, 精 정미 정, 爽 시원할 상, 夢 꿈 몽, 寐 잠잘 매.

## 12

**定心應物**하면 **雖不讀書**라도 **可以爲有德**
정 심 응 물　　　　수 부 독 서　　　　가 이 위 유 덕

**君子**니라.
군 자

　마음을 안정하여 사물(事物)에 대응한다면, 비록 글을 읽지 않았더라도 덕(德)을 가진 군자라 할 수 있느니라.

---

定 정할 정, 心 마음 심, 應 응할 응, 物 만물 물, 雖 비록 수, 讀 읽을 독,
書 글 서, 爲 할 위, 有 있을 유, 德 덕 덕.

## 13

近思錄에 云,
근 사 록    운

懲忿을 如救火하고 窒慾을 如防水하라.
징 분   여 구 화    질 욕   여 방 수

「근사록」에서 말하였다.
분한 마음을 누르기를 불 끄듯이 하고, 욕심을 누르기를 새는 물을 막듯이 하라.

> 근사록(近思錄) : 송(宋)나라 때 주자와 그의 제자 여조겸(呂祖謙)이 함께 지은 책. 사람이 교양을 높이고 처세를 바르게 하며 양생(養生)을 하는 데 있어서 필요한 금언(金言).

懲 징계할 징, 忿 성낼 분, 如 같을 여, 救 구원할 구, 窒 막을 질,
慾 욕심 욕, 防 둑(막다) 방.

14

夷堅志에 云,

避色을 如避讐하고 避風을 如避箭하며 莫喫空心茶하고 少食中夜飯하라.

「이견지」에서 말하였다.
 여색(女色) 피하기를 원수를 피하는 것과 같이 하고, 바람기 피하기를 화살을 피하는 것과 같이 하며, 빈 속에 차를 마시지 말고, 밤중에 밥을 적게 먹어라.

- 이견지(夷堅志) : 송(宋)나라 때 홍매(洪邁)가 엮은 설화집. 송나라 초부터 그가 살았던 시기의 민간 괴담(怪談)을 엮은 책.

避 피할 피, 讐 원수 수, 風 바람 풍, 箭 화살 전, 莫 말 막, 喫 마실 끽, 空 빌 공, 茶 차 다, 食 밥 식, 夜 밤 야, 飯 밥 반.

## 15

荀子曰
순자왈,

無用之辯과 不急之察을 棄而勿治하라.
무용지변   불급지찰   기이물치

순자가 말하였다.
쓸데없는 말과 급하지 않은 일은 버려두고 다스리지 말라.

> 순자(荀子) : B.C. 298~238. 이름은 황(況)으로 전국시대 말기의 조(趙)나라 사람임. 자하(子夏)의 학파에 속하는 유학자로 맹자의 성선설(性善說)에 관하여 인간의 본성은 악하다는 성악설(性惡說)을 주창하였음.

用 쓸 용, 辯 말잘할 변, 急 급할 급, 察 살필 찰, 棄 버릴 기,
勿 말 물, 治 다스릴 치.

16

**子曰,**
자 왈,

**衆**이 **好之**라도 **必察焉**하며 **衆**이 **惡之**라도
중    호지        필찰언        중    오지

**必察焉**이니라.
필찰언

공자가 말씀하셨다.
모든 사람이 좋아하더라도 반드시 살펴보아야 하고, 모든 사람이 미워하더라도 반드시 살펴보아야 하느니라.

---

衆 무리 중, 好 좋을 호, 必 반드시 필, 察 살필 찰, 惡 미워할 오, 나쁠 악.

## 17

**酒中不語**는 **眞君子**요 **財上分明**은 **大丈夫**니라.
주중불어      진군자      재상분명      대장부

 술 취한 가운데에도 말이 없는 것은 참다운 군자(君子)요, 재물에 대하여 계산이 분명한 것은 대장부(大丈夫)니라.

## 18

**萬事從寬**이면 **其福自厚**니라.
만사종관      기복자후

 모든 일에 너그러움을 베풀면(좇으면) 그 복(福)이 저절로 두터워지느니라.

---

眞 참 진. 財 재물 재. 丈 어른 장. 夫 지아비 부.
從 좇을 종. 寬 너그러울 관. 福 복 복. 自 스스로 자. 厚 두터울 후.

## 19

**太公**이 **曰**,

**欲量他人**이거든 **先須自量**하라 **傷人之語**는 **還是自傷**이니 **含血噴人**이면 **先汚其口**니라.

태공이 말하였다.

다른 사람을 헤아려 보려거든 먼저 자신을 헤아려 보라. 다른 사람을 해치는 말은 오히려 스스로를 해치는 것이니, 피를 머금어 다른 사람에게 뿜으면 먼저 자신의 입이 더러워지느니라.

量 헤아릴 량, 須 모름지기 수, 傷 상처 상, 還 돌아올 환, 含 머금을 함, 血 피 혈, 噴 뿜을 분, 汚 더러울 오.

## 20

**凡戲**는 **無益**이요 **惟勤**이 **有功**이니라.
범희　　무익　　　유근　　유공

　모든 놀이는(희롱은) 이로울 것이 없고 오직 부지런함만이 공(功, 보람)이 있느니라.


## 21

**太公**이 **曰**,
태공　　왈

**瓜田**에 **不納履**하고 **李下**에 **不整冠**이니라.
과전　　불납리　　　이하　　불정관

태공이 말하였다.
　다른 사람의 외 밭을 지날 때에는 신을 고쳐 신지 말고, 다른 사람의 오얏나무 아래에서는 모자를(갓을) 고쳐 쓰지 말라.

▶ '부정관(不整冠)'이 '不正冠'으로도 되어 있으나 여기서는 '整'으로 함.

---

凡 무릇 범. 戲 놀다(희롱할) 희. 益 이익 익. 惟 오직 유. 勤 부지런할 근.
瓜 오이 과. 納 바칠 납. 履 신 리. 李 오얏 리. 整 가지런할 정. 冠 갓 관.

22

景行錄에 曰,

心可逸이언정 形不可不勞요 道可樂이언정

身不可不憂니 形不勞則怠惰易弊하고

身不憂則荒淫不定이라 故로 逸生於勞

而常休하고 樂生於憂而無厭하나니 逸樂

者는 憂勞를 豈可忘乎아.

「경행록」에서 말하였다.
　마음은 편안해야 되지만 몸은 일을 하지 않을 수 없고, 도(道)는 즐겨야 하지만 몸은 근심하지 않을 수 없으니, 육신이 노력하지 않으면 게을러져서 허물어지기 쉽고, 몸이 근심하지 않으면 주색에 빠져 안정되지 못한다. 그러므로 편안함은 수고로움에서 생겨 늘 기쁘고, 즐거움은 근심하는 것에서 생겨 싫음이 없나니, 편안하고 즐거운 자는 근심과 수고로움을 어찌 잊을 수 있겠는가?

## 23

**耳不聞人之非**하고 **目不視人之短**하며 **口不言人之過**라야 **庶幾君子**니라.
이불문인지비　　　목불시인지단　　　불언인지과　　　서기군자

　귀로는 다른 사람의 잘못을 듣지 아니하고, 눈으로는 다른 사람의 단점을 보지 아니하며, 입으로는 다른 사람의 허물을 말하지 않아야 군자이니라.

可 옳을 가, 逸 편안할 일, 勞 힘쓸 로, 樂 즐길 락, 憂 근심할 우, 怠 게으를 태, 惰 게으를 타, 弊 해질 폐, 荒 거칠 황, 淫 음란할 음, 厭 싫을 염, 豈 어찌 기, 視 볼 시, 短 짧을 단, 過 지날, 허물 과, 庶 여러 서, 幾 기미 기.

## 24

蔡伯喈曰,
채 백 개 왈

喜怒는 在心하고 言出於口하나니 不可不 愼이니라.
희 노  재 심  언 출 어 구  불 가 불 신

채백개가 말하였다.
 기쁨과 노여움은 마음속에 있고, 그것을 입 밖으로 내뱉는 것이 말이니 삼가지 않으면 안 되느니라.

> 채백개(蔡伯喈) : 이름은 옹(邕)으로 자(字)가 백개(伯喈)이다. 후한(後漢) 영제(靈制) 때의 학자. '영자팔법(永字八法)'을 고안함.

喜 기쁠 희. 怒 성낼 노. 於 어조사 어. 愼 삼갈 신.

## 25

**宰予晝寢**이어늘 **子曰 朽木**은 **不可雕也**요
재여주침           자왈 후목      불가조야

**糞土之墻**은 **不可圬也**니라.
분토지장      불가오야

재여(宰予)가 낮잠을 자는 것을 보고, 공자가 말씀하셨다. 썩은 나무에는 새길(조각할) 수 없고, 썩은 흙으로 쌓은 담은 흙손질을 할 수 없느니라.

> 재여(宰予) : 춘추시대의 노(魯)나라 사람으로 자는 자아(子我), 재아(宰我)라고도 함. 공문십철(孔門十哲)의 한 사람으로 자공(子貢)과 더불어 언변(言辯)에 능하였음.

---

寢 잠잘 침, 朽 썩을 후, 雕 새길 조, 糞 똥 분, 墻 담 장, 圬 흙손질할 오.

紫虛元君 誠諭心文에 曰,

福生於淸儉하고 德生於卑退하고 道生於安靜하고 命生於和暢하니라 憂生於多慾하고 禍生於多貪하고 過生於輕慢하고 罪生於不仁이니라 戒眼하여 莫看他非하고 戒口하여 莫談他短하고 戒心하여 莫自貪嗔하고 戒身하여 莫隨惡伴하라 無益之言을 莫妄說하고 不干己事를 莫妄爲하라 尊君王 孝父母하며 敬尊長 奉有德하고 別賢愚 恕無識하라 物順來而勿拒하고 物旣去而勿追하며 身未遇以勿望하고 事已過而勿

思하라 聰明도 多暗昧요 算計도 失便宜니
라 損人終自失이요 依勢禍相隨라 戒之在
心하고 守之在氣라 爲不節而亡家하고 因
不廉而失位니라 勸君自警於平生하노니
可歎可驚而可畏니라 上臨之以天鑑하고
下察之以地祇라 明有三法相繼하고 暗
有鬼神相隨라 惟正可守요 心不可欺니
戒之戒之하라.

자허원군의 「성유심문」에서 말하였다.

복(福)은 청렴하고 검소한 데서 생기고, 덕(德)은 자신을 낮춰 겸손한 데서 생기고, 도(道)는 편안하고 고요한 데서 생기고, 생명은 화창한 데서 생기느니라.

근심은 욕심이 많은 데서 생기고, 재앙은 탐욕이 많은 데서 생기고, 과실은 경솔하고 교활한 데서 생기고, 죄악은 어질지 못한 데서 생기느니라.

눈을 경계하여 다른 사람의 그릇됨을 보지 말고, 입을 경계하여 다른 사람의 결점을 말하지 말고, 마음을 경계하여 탐내거나 성내지 말고, 몸을 경계하여 나쁜 친구를 사귀지 말라.

유익하지 않은 말을 함부로 하지 말고, 나와 관계 되지 않는 일은 함부로 간여하지 말라.

임금을 높이 받들고, 부모에게 효도하며, 웃어른을 공경하고, 덕이 있는 사람을 받들며, 어진 사람과 어리석은 사람을 분별하고, 무식한 사람을 꾸짖지 말고 용서하라.

물건이 순리대로 오거든 물리치지 말고, 물건이 이미 지나갔거든 뒤쫓지 말며, 몸이 불우한 가운데 처했더라도 잘 되기를 바라지 말고, 일이 이미 지나갔거든 다시 생각지 말라.

총명한 사람도 때로는 그 생각이 어리석을 수 있고, 계획을 잘 세워도 편리함을 잃는 수가 있다. 남을 남에게 해를 끼치면 자기에게도 해가 되어 돌아오고, 세력에 의존하면 재앙이 서로 따르느니라. 경계하는 것은 마음에 있고, 지키는 것은 기운에 있다. 절약하지 않음으로써 집안을 망치고, 청렴하지 않음으로써 직책을 잃느니라.

당신에게 평생을 두고 스스로 경계하기를 권고하노니, 가히 놀랍게 여겨 잘 새겨두도록 하라. 위에서는 하늘의 거울이 내려보고 있고, 아래에서는 땅의 신령이 살피고 있느니라. 밝은 곳에는 세 가지 법(法 : 輕, 中, 重)이 서로 이어져 있고, 어두운 곳에는 귀신이 서로 따르고 있느니라. 오직 바른 도리를 지킬 것이요, 양심을 속이지 말 것이니, 이의 가르침을 경계하고 또 경계하라.

자허원군(紫虛元君) : 도가(道家)에서 높이는 여자 신선으로 남자 신선은 진군(眞君)이라 부름. 자허(紫虛)란 '하늘'을 뜻하는데, 햇빛을 받은 하늘이 자줏빛을 띤다고 하여 '자허'라고 일컫는다.

儉 검소할 검, 卑 낮을 비, 靜 고요할 정, 暢 펼 창, 憂 근심 우, 慾 욕심 욕, 貪 탐할 탐, 慢 게으를 만, 罪 허물 죄, 仁 어질 인, 戒 경계할 계, 嗔 성낼 진, 隨 따를 수, 伴 짝 반, 益 이득 익, 妄 허망할 망, 說 말씀 설, 干 방패 간, 尊 높을 존, 孝 효도 효, 敬 공경할 경, 奉 받들 봉, 別 나눌 별, 賢 어질 현, 愚 어리석을 우, 恕 용서할 서, 識 알 식, 順 순할 순, 拒 막을 거, 旣 이미 기, 遇 만날 우, 望 바랄 망, 聰 귀 밝을 총, 昧 어두울 매, 便 편할 편, 勢 기세 세, 戒 경계할 계, 守 지킬 수, 節 마디 절, 因 인할 인, 廉 청렴할 렴, 勸 권할 권, 君 그대 군, 警 경계할 경, 歎 탄식할 탄, 驚 놀랄 경, 畏 두려워할 외, 臨 임할 림, 鑑 거울 감, 察 살필 찰, 祇 토지신 기, 繼 이을 계, 鬼 귀신 귀, 神 신령 신, 惟 오직 유, 欺 속일 기.

# 안분편(安分篇)

자기 분수에 만족하는 글

1

景行錄에 云,
경 행 록    운

知足可樂이나 務貪則憂니라.
지 족 가 락      무 탐 즉 우

「경행록」에서 말하였다.
 만족함을 알면 가히 즐거울 수 있으나, 탐욕에 힘쓰면 근심과 걱정이 생기느니라.

▶ 안분(安分) : 하늘에서 주어진 자기의 분수에 만족함.

---

安 편안할 안. 務 힘쓸 무. 貪 탐할 탐. 則 곧 즉. 憂 근심할 우.

## 2

知足者는 貧賤亦樂하고 不知足者는 富貴亦憂니라.
<br>지족자　　빈천역락　　　부지족자　　부귀역우

만족한 줄을 아는 사람은 가난하고 천하여도 즐겁고, 만족한 줄 모르는 사람은 부(富)하고 귀(貴)해졌어도 근심스럽기만 하느니라.

## 3

濫想은 徒傷神이요 妄動은 反致禍니라.
<br>남상　도상신　　　망동　반치화

쓸데없는(분수에 넘치는) 생각은 다만 정신을 상하게 할 뿐이요, 허황된 행동은 오히려 재앙을 부르느니라.

▷ **남상(濫想)** : 남(濫)은 함부로 하거나 정도에 넘치는 것 등으로 풀이한다. 여기서는 쓸데없는 생각, 허황된 생각을 일컬음.

---

貧 가난할 빈, 賤 천할 천, 亦 또 역, 富 부할 부, 貴 귀할 귀.
濫 넘칠 람, 徒 다만(무리) 도, 傷 상처 상, 妄 허망할 망, 反 되돌릴 반.

4

**知足常足**이면 **終身不辱**하고 **知止常止**면 **終身無恥**니라.
지족상족　　　　종신불욕　　　　지지상지　　　종신무치

　만족한 줄을 알고 항상 부족해 하지 않는다면 평생토록 욕됨이 없고, 충족함을 알고 항상 충족하게 생각한다면 평생토록 부끄러움이 없느니라.

---

**常** 항상 상. **終** 끝날 종. **辱** 욕될 욕. **止** 머물 지. **恥** 부끄러워할 치.

5

書經에 曰,
서 경   왈

滿招損하고 謙受益이니라.
만 초 손      겸 수 익

「서경」에서 말하였다.
교만하거나 화를 내면 손해를 불러들이고, 겸손하면 이익을 얻느니라.

> 서경(書經) : 삼경(三經) 또는 오경(五經)의 하나로 중국의 요순(堯舜)에서부터 주나라 때까지의 정사(政事)에 관한 문서를 수집하여 공자(孔子)가 편찬함.

滿 찰 만, 招 부를 초, 損 덜 손, 謙 겸손할 겸, 受 받을 수, 益 더할 익.

6

安分吟에 曰,

安分身無辱이요 知機心自閑이라 雖居人世上이나 却是出人間이니라.

「안분음」에서 말하였다.

편안한 마음으로 분수를 지키면 몸에 욕됨이 없고, 세상 형편을 잘 알면 마음이 저절로 한가하느니라. 비록 속된 세상에서 살더라도 이는 오히려 인간 세상을(속세를) 벗어나야 하느니라.

> 안분음(安分吟) : 송(宋)나라 소옹(邵雍)이 지은 시로 「격양시(擊壤詩)」라고도 함. 안분(安分)은 편안한 마음으로 분수를 지키다의 뜻이다. 격양집(擊壤集) : 송나라 때 소옹(邵雍)이 지은 시집으로, 위 글은 「격양집(擊壤集)」에 실린 시이다.

吟 읊을 음, 辱 욕 욕, 知 알 지, 機 틀(천기) 기, 閑 한가할 한, 雖 비록 수,
居 있을 거, 世 세상 세, 却 도리어 각.

## 7

**子曰,**
자 왈,

**不在其位**면 **不謀其政**이니라.
부 재 기 위      불 모 기 정

공자가 말씀하셨다.
그 자리(지위)에 있지 않으면 자기의 직분이 아닌 나랏일을 도모하지 말지니라.

---

不 아닐 불(부), 在 있을 재, 其 그 기, 位 자리 위, 謀 꾀할 모, 政 정사 정.

# 존심편(存心篇)

바르고 착한 마음가짐의 글

## 1

**景行錄**에 **云**,

**坐密室**을 **如通衢**하고 **馭寸心**을 **如六馬**하면 **可免過**니라.

「경행록」에서 말하였다.
 밀실에 앉아 있다고 할지라도 마치 네거리로 통한 것처럼 생각하고, 작은 마음 누르기를 마치 여섯 필의 말이 끄는 마차 부리듯 하면 허물을 면할 수 있느니라.

※ 옛날 천자(天子)가 타고 다니는 수레는 여섯 필의 말이 끌었다.

密 은밀할 밀, 衢 네거리 구, 馭 말부릴 어, 免 면할 면, 過 허물 과.

2

**擊壤詩**에 云,

**富貴**를 **如將智力求**라면 **仲尼年少合封侯**라 **世人**은 **不解靑天意**하고 **空使身心半夜愁**니라.

「격양시」에서 말하였다.
 부귀를 지혜나 힘으로써 얻을 수 있다면, 공자(중니)는 젊은 나이에 마땅히 제후(諸侯)가 되었을 것이다. 세상 사람들은 푸른 하늘의 뜻을 이해하지 못하고, 부질없이 몸과 마음으로써 한밤중에 슬퍼하고 근심하느니라.

---

如 같을 여, 智 지혜 지, 封 봉할 봉, 侯 제후 후, 解 풀 해, 愁 시름 수.

3

范忠宣公이 戒子弟曰,
범 충 선 공    계 자 제 왈

人雖至愚나 責人則明하고 雖有聰明이나
인 수 지 우    책 인 즉 명        수 유 총 명

恕己則昏이라 爾曹는 但當(常)以責人之
서 기 즉 혼    이 조    단 당 상 이 책 인 지

心으로 責己하고 恕己之心으로 恕人이면 則
심      책 기      서 기 지 심      서 인      즉

不患不到聖賢地位也니라.
불 환 부 도 성 현 지 위 야

범충선공이 자식을 경계하여 말하였다.

비록 매우 어리석은 사람일지라도 다른 사람을 꾸짖는 데는 밝고 총명하다고 해도 자기를 용서함에는 어두우니라.

너희들은 마땅히(항상) 다른 사람을 꾸짖는 마음으로 자신을 꾸짖고, 자신을 용서하는 마음으로 다른 사람을 용서한다면 성현(聖賢)의 경지에 이르지 못함을 걱정하지 않아도 되느니라.

▶ 범충선공(范忠宣公) : 북송(北宋) 철종(哲宗) 때의 재상으로 학문과 덕이 높았음. 시호(諡號)는 충선(忠宣)임.

雖 비록 수, 責 꾸짖을 책, 聰 총명할 총, 恕 용서할 서, 昏 어두울 혼,
爾 너 이, 曹 무리 조, 患 근심 환, 聖 성스러울 성, 賢 어질 현.

## 4

**子曰,**
자왈,

**聰明思睿**라도 **守之以愚**하고 **功被天下**라
총명사예       수지이우        공피천하

도 **守之以讓**하고 **勇力振世**라도 **守之以怯**
  수지이양         용력진세         수지이겁

하고 **富有四海**라도 **守之以謙**이니라.
    부유사해         수지이겸

공자가 말씀하셨다.
 총명하여 그 생각이 깊고 밝을지라도 자신의 어리석음으로써 지켜야 하고, 공로가 세상을 뒤덮을지라도 사양함으로써 지켜야 하고, 용맹스런 힘이 온 세상에 떨칠지라도 겁냄으로써 지켜야 하고, 부유함이 온 바다에 펼쳐 있을지라도 겸손한 마음으로써 지켜야 하느니라.

睿 깊고 밝을 예, 愚 어리석을 우, 讓 사양할 양, 勇 날쌜 용,
振 떨칠 진, 怯 겁낼 겁, 謙 겸손할 겸.

5

素書에 云,

薄施厚望者는 不報하고 貴而忘賤者는 不久니라.

「소서」에서 말하였다.

　박하게(조금) 베풀고서 크게 바라는 사람에게는 보답이 없고, 처지가 귀하게 되고서 비천했던 때를 잊은 사람은 오래 계속되지 못하느니라.

> 소서(素書) : 진(秦)나라 말기 병가(兵家)인 황석공(黃石公)이 장량(張良)에게 전해 준 병서(兵書)임.

薄 엷을 박, 施 베풀 시, 厚 두터울 후, 報 갚을 보, 賤 천할 천.

## 6

**施恩**이어든 **勿求報**하고 **與人**이어든 **勿追悔**하라.
시은          물구보           여인          물추회

은혜를 베풀었거든 그에 대한 보답을 바라지 말고, 남에게 주었거든 뒤에 뉘우쳐 후회하지 말라.

## 7

**孫思邈**이 **曰**,
손사막    왈

**膽欲大而心欲小**하고 **知欲圓而行欲方**이니라.
담욕대이심욕소         지욕원이행욕방

손사막이 말하였다.
담력은 크기를 바라되 마음가짐은 세심하게 하고, 지혜가 원만함을 바라되 행동은 올발라야 하느니라.

▶ 손사막(孫思邈) : 당(唐)나라 때 유명한 의원(醫員)임.

勿 말 물, 報 갚을 보, 與 줄 여, 追 쫓을 추, 悔 뉘우칠 회.
邈 멀 막, 膽 쓸개 담, 欲 하고자 할 욕, 圓 둥글 원, 方 모 방.

## 8

**念念要如臨戰日**하고 **心心常似過橋時**니
염 념 요 여 림 전 일        심 심 상 사 과 교 시

라.

생각하는 것마다 항상 싸움터에 나갔을 때처럼 조심하고, 마음은 항상 외나무다리를 건느는 것처럼 해야 하느니라.

## 9

**懼法**이면 **朝朝樂**이요 **欺公**이면 **日日憂**니라.
구 법        조 조 락        기 공        일 일 우

법을 두렵게 여기면 아침마다 즐겁고, 나랏일을 속이면 날마다 근심하게 되느니라.

---

念 생각할 념, 臨 임할 림, 戰 싸울 전, 似 같을 사, 橋 다리 교.
懼 두려워할 구, 法 법 법, 樂 즐거울 락, 欺 속일 기, 憂 근심할 우.

존심편(存心篇) 71

## 10

**朱文公**이 **曰**,
주 문 공   왈

**守口如瓶**하고 **防意如城**하라.
수 구 여 병      방 의 여 성

주문공이 말하였다.
 입(말)이 지키기를 병 막음 같이 하고, 뜻(욕심) 지키기는 성(城)을 지키듯이 하라.

> 주문공(朱文公) : 남송(南宋)의 대유(大儒) 주자(朱子)를 일컬음. 이름은 희(熹)이고 자는 원회(元晦) 또는 중회(仲晦)이며, 호는 회암(晦菴) 또는 회옹(晦翁)임.

守 지킬 수. 瓶 병 병. 防 막을 방. 城 성 성.

## 11

**心不負人**이면 **面無慙色**이니라.
심 불 부 인　　　면 무 참 색

　마음이 남에게 부끄러울 것이 없다면 얼굴도 부끄러운 빛이 없느니라.

## 12

**人無百歲人**이나 **枉作千年計**니라.
인 무 백 세 인　　　왕 작 천 년 계

　사람이 백 살을 살지 못하는 데도 부질없이 천 년의(욕심을 부리며) 계획을 세우느니라.

---

負 등질·저버릴 부, 無 없을 무, 慙 부끄러울 참, 色 빛 색.
百 일백 백, 歲 해 세, 枉 굽을 왕, 作 지을 작, 年 해 년, 計 꾀 계.

## 13

寇萊公六悔銘에 云,
구 래 공 육 회 명   운,

官行私曲失時悔하고 富不儉用貧時悔니
관 행 사 곡 실 시 회   부 불 검 용 빈 시 회
라

藝不少學過時悔하고 見事不學用時悔니
예 불 소 학 과 시 회   견 사 불 학 용 시 회
라

醉後狂言醒時悔하고 安不將息病時悔니
취 후 광 언 성 시 회   안 부 장 식 병 시 회
라.

구래공(寇萊公)이 「육회명(六悔銘)」에서 말하였다.

벼슬아치가 사사로운 일을 하면 벼슬자리에서 물러날 때 후회하고, 부유했을 때에 아껴 쓰지 아니하면 가난해졌을 때에 후회하느니라. 젊었을 적에 기술을 배우지 않으면 때를 넘기고서 후회하고, 일을 보고 배우지 않으면 필요하게 되었을 때에 후회하느니라. 술 취했을 때에 함부로 말하면 깨어났을 때 후회하고, 몸이 건강했을 때 휴식하지 않으면 병들었을 때 후회하느니라.

▶ 구래공(寇萊公) : 자는 평중(平仲)이고 이름은 준(準)임. 송(宋)나라 때의 어진 재상임. 요(遼)나라가 침입했을 때 전주에서 맹약(盟約)을 맺어 시국을 수습하여 그 공로로 내국공(萊國公)에 봉해졌다. 그리하여 구래공(寇萊公)이라 불렸다. 육회명(六悔銘) : 여섯 가지 후회될 일을 경계하는 글임.

寇 도둑 구, 萊 명아주 래, 悔 뉘우칠 회, 銘 새길 명, 曲 굽을 곡, 儉 검소할 검, 藝 기예 예, 醉 취할 취, 狂 미칠 광, 醒 깰 성, 息 숨쉴 식.

## 14

**益智書**에 云,

**寧無事而家貧**이언정 **莫有事而家富**요 **寧無事而住茅屋**이언정 **不有事而住金屋**이요 **寧無病而食麤飯**이언정 **不有病而服良藥**이니라.

「익지서」에서 말하였다.
아무 걱정(사고) 없이 집이 가난할지언정
걱정 있는 부잣집이 되지 말 것이요,
아무 걱정 없이 초가에 살지언정
걱정 많은 좋은 집에서 살지 말 것이요,
병 없이 거친 밥을 먹을지언정
병이 있으면서 좋은 약을 먹지 말 것이니라.

寧 편안할 영(녕), 莫 말 막, 茅 띠 모, 屋 집 옥, 金 황금 금,
麤 거칠 추, 飯 밥 반, 服 복용할 복, 良 좋을 량, 藥 약 약.

## 15

**心安茅屋穩**하고 **性定菜羹香**이니라.
심안모옥온      성정채갱향

　마음이 편안하면 초가집도 편안하고, 성품이 안정되면 나물 국도 향기로우니라.

## 16

**景行錄**에 云,
경행록      운,

**責人者**는 **不全交**요 **自恕者**는 **不改過**니라.
책인자      부전교      자서자      불개과

「경행록」에서 말하였다.
　다른 사람을 꾸짖는 사람과는 사귐을 온전하게 할 수 없고, 자신의 잘못을 용서하는 사람은 허물을 고치지 못하느니라.

---

茅 띠집 모, 穩 평안할 온, 性 성품 성, 菜 나물 채, 羹 국 갱, 香 향기 향.
責 꾸짖을 책, 交 사귈 교, 恕 용서할 서, 改 고칠 개, 過 허물 과.

## 17

**夙興夜寐**하여 **所思忠孝者**는 **人不知**나 **天
必知之**요 **飽食煖衣**하여 **怡然自衛者**는 **身
雖安**이나 **其如子孫**에 **何**오.

 아침 일찍 잠자리에서 일어나면서부터 밤이 깊어 잠들 때까지 부모에게 효도하고 임금에게 충성하는 사람은, 다른 사람들이 알아주지 않더라도 하늘이 반드시 알 것이요, 배불리 먹고 따뜻하게 입고서 편안하게 제 몸만 위하는 사람은 몸은 비록 편안할지 모르나 그 자손들은 어찌될 것인가?

---

夙 일찍 숙, 興 일 흥, 寐 잠잘 매, 忠 충성 충, 孝 효도 효, 飽 배부를 포, 煖 따뜻할 난, 怡 기쁠 이, 衛 지킬 위, 雖 비록 수.

## 18

**以愛妻子之心**으로 **事親**이면 **則曲盡其孝**이요 **以保富貴之心**으로 **奉君**이면 **則無往不忠**이요 **以責人之心**으로 **責己**이면 **則寡過**요 **以恕己之心**으로 **恕人**이면 **則全交**니라.

　제 아내와 자식을 사랑하는 마음으로 부모님을 섬긴다면 그 효도가 극진할 것이요, 부귀를 누리려는 마음으로 임금을 받든다면 그 어디에서도 충성됨은 없을 것이요, 다른 사람을 꾸짖는 마음으로 자기 자신을 책망한다면 허물이 적을 것이요, 자기를 용서하는 마음으로 다른 사람을 용서한다면 사귐을 온전히 할 수 있을 것이니라.

---

以 써 이, 愛 사랑 애, 妻 아내 처, 事 섬길 사, 則 곧 즉, 盡 다할 진, 保 지킬 보, 往 갈 왕, 寡 적을 과, 恕 용서할 서.

존심편(存心篇)

## 19

爾謀不臧이면 悔之何及이며 爾見不長이
이 모 부 장          회 지 하 급          이 견 부 장

면 敎之何益이리오. 利心專則背道요 私意
  교 지 하 익         이 심 전 즉 배 도     사 의

確則滅公이니라.
확 즉 멸 공

너의 꾀함이 좋지 못했다면 후회한들 무슨 소용이 있으며,
너의 뜻이 바르지 못하다면 가르친들 무슨 유익이 있으리오.
자기 이익만을 오로지 위한다면 도(道)에 위배되고, 사사로운
마음이 굳어 있으면 공로가 사라지게 되느니라.

## 20

生事事生이요 省事事省이니라.
생 사 사 생        생 사 사 생

일을 만들면 일이 생기고, 일을 덜면 일이 줄어지느니라.

---

爾 너 이, 謀 꾀할 모, 臧 착할 장, 悔 뉘우칠 회, 益 더할 익, 利 이로울 리,
專 오로지 전, 背 등 배, 意 뜻 의, 確 굳을 확, 滅 멸할 멸.
生 날 생, 事 일 사, 省 덜(줄이다) 생, 살필 성.

# 계성편(戒性篇)

자신의 성품을 경계하는 글

1

景行錄에 云,

人性이 如水하여 水一傾則不可復이요 性一縱則不可反이니 制水者는 必以堤防하고 制性者는 必以禮法이니라.

「경행록」에서 말하였다.

사람의 성품은 물과 같아서 물이 한 번 기울어지면 다시 되돌릴 수 없고, 성품이 한 번 방종해지면 바로잡을 수 없으니, 물을 다스리기 위해서는 반드시 둑(제방)으로써 하고, 성품을 올바르게 하기 위해서는 반드시 예법으로써 할지니라.

傾 기울 경. 縱 늘어질 종. 制 제어할 제. 堤 방죽 제. 禮 예도 례.

## 2

忍一時之忿이면 免百日之憂니라.
인 일 시 지 분　　　면 백 일 지 우

　한때의 분함을 참으면 백일의 근심을 면할 수 있느니라.


## 3

得忍且忍이요 得戒且戒하라 不忍不戒면
득 인 차 인　　　득 계 차 계　　　불 인 불 계

小事成大니라.
소 사 성 대

　참을 수 있다면 거듭 참을 것이요, 경계할 수 있다면 거듭 경계하라. 만일 매사를 참지 않고 경계하지 않으면 작은 일도 커지게 되느니라.


忍 참을 인. 忿 성낼 분. 免 면할 면. 憂 근심할 우.
且 또 차. 戒 경계할 계. 事 일 사. 成 이룰 성.

4

愚濁生嗔怒는 皆因理不通이라
우탁생진노　개인리불통

休添心上火하고 只作耳邊風하라
휴첨심상화　　지작이변풍

長短은 家家有요 炎凉은 處處同이라
장단　가가유　염량　　처처동

是非無實相하여 究竟摠成空이니라.
시비무실상　　구경총성공

　어리석고 변변치 못한 사람이 성을 내는 것은 모두가 다 이치에 통하지 못한 까닭이다. 마음에 화를 더해서는 아니 되며, 다만 귓전을 스치는 바람결로 여겨라.
　좋은 점과 나쁜 점은 집집마다 있는 일이고, 따뜻하고 서늘한 것은 어디에나 같으니라. 옳고 그름이란 본래 실상(모양)이 없어서 마침내는 모두 다 부질없는 것이 되느니라.

愚 어리석을 우. 濁 흐릴 탁. 嗔 성낼 진. 添 더할 첨. 邊 가 변.
短 짧을 단. 炎 불탈 염. 凉 서늘할 량. 處 살 처. 非 아닐 비.
實 열매 실. 究 궁구할 구. 竟 다할 경. 摠 모두 총.

계성편(戒性篇) 83

5

子張이 欲行에 辭於夫子할새

願賜一言爲修身之美하노이다.

子曰 百行之本이 忍之爲上이니라

子張이 曰 何爲忍之잇고

子曰 天子忍之면 國無害하고 諸侯忍之면 成其大하고 官吏忍之면 進其位하고 兄弟忍之면 家富貴하고 夫妻忍之면 終其世하고 朋友忍之면 名不廢하고 自身忍之면 無禍害니라.

자장(子張)이 길을 떠나고자함에 공자(孔子)께 작별을 할새,

"원컨대 한 말씀을 주시면 몸을 닦는 아름다움을 삼으려 합니다." 하니, 공자가 말씀하셨다.

"백 가지 모든 행동의 근본은 참는 것이 으뜸이니라." 자장이 다시 물었다. "어떻게 참아야 합니까?"

공자가 다시 말씀하셨다.

"천자(황제)가 참으면 온 나라에 해로움이 없을 것이고, 제후(諸侯)가 참으면 큰 나라를 이룰 것이고, 벼슬아치가 참으면 그 지위가 올라갈 것이고, 형제간에 참으면 그 집안이 부귀(富貴)하게 되고, 부부(夫婦)가 서로 참으면 일생을 함께 늙게 될 것이고, 친구끼리 서로 참으면 이름이 더럽혀지지 않고, 자신이 혼자서 참으면 재앙이 없느니라."

> 자장(子張) : 공자의 제자. 성은 전손(顓孫), 이름은 사(師), 자장은 자이다. 부자(夫子 : 선생 혹은 장자(長者)).

辭 말 사, 願 원할 원, 賜 줄 사, 修 닦을 수, 美 아름다울 미, 本 밑 본, 忍 참을 인, 爲 할 위, 何 어찌 하, 諸 모든 제, 侯 임금 후, 吏 벼슬아치 리, 夫 지아비 부, 妻 아내 처, 終 끝날 종, 朋 벗 붕, 廢 폐할 폐, 禍 재화 화.

6

子張(자장)이 曰(왈),

不忍則如何(불인즉여하)잇고

子曰(자왈),

天子不忍(천자불인)이면 國空虛(국공허)하고 諸侯不忍(제후불인)이면 喪其軀(상기구)하고 官吏不忍(관리불인)이면 刑法誅(형법주)하고 兄弟不忍(형제불인)이면 各分居(각분거)하고 夫妻不忍(부처불인)이면 令子孤(영자고)하고 朋友不忍(붕우불인)이면 情意疎(정의소)하고 自身不忍(자신불인)이면 患不除(환부제)니라.

子張(자장)이 曰(왈),

善哉善哉(선재선재)라 難忍難忍(난인난인)이여 非人不忍(비인불인)이요 不人非人(불인비인)이로다.

자장(子張)이 다시 물었다.

"참지 않으면 어떻게 됩니까?"

공자가 말씀하셨다.

"천자가 참지 않으면 온 나라 안이 빈 터가 되어버릴 것이고, 제후(諸侯)가 참지 않으면 그 몸을 잃게 되고, 벼슬아치가 참지 않으면 법에 걸려 죽음을 당하게 될 것이고, 형제끼리 참지 않으면 각각 헤어져 살 게 될 것이고, 부부가 서로 참지 않으면 자식을 외롭게 할 것이고, 친구끼리 서로 참지 않으면 정과 뜻이 서로 벌어지게 될 것이고, 자기 자신이 참지 않으면 근심이 없어지지 않을 것이니라."

자장이 감탄해 말하였다.

"참 훌륭한 말씀입니다. 참는 것이란 참으로 어렵고 또 어려운 일이며, 사람이 아니면 참지 못할 것이요, 또한 참지 못한다면 사람이 아니로다."

虛 빌 허, 喪 죽을 상, 軀 몸 구, 刑 형벌 형, 誅 벨 주, 居 있을 거, 令 시킬 령, 孤 외로울 고, 疎 트일 소, 患 근심 환, 除 제거할 제, 哉 어조사 재, 難 어려울 난, 非 아닐 비.

## 7

**景行錄**에 云,
경행록   운,

**屈己者**는 **能處重**하고 **好勝者**는 **必遇敵**이
굴기자    능처중        호승자    필우적

니라.

「경행록」에서 말하였다.
 자기 자신을 굽힐 줄 아는 자는 능히 중요한 지위를(일을) 해낼 수 있고, 남을 이기기를 좋아하는 사람은 반드시 적을 만나게 되느니라.

---

屈 굽을 굴, 己 자기 기, 能 능할 능, 處 살 처, 好 좋을 호, 勝 이길 승, 必 반드시 필, 遇 만날 우, 敵 원수 적.

## 8

惡人이 罵善人커든 善人은 摠不對하라
不對는 心淸閑이요 罵者는 口熱沸니라
正如人唾天하여 還從己身墜니라.

 악(惡)한 사람이 선(善)한 사람을 꾸짖거든 선한 사람은 아예 이에 상대하지 말라. 상대하지 않는 사람은 마음이 맑고 한가로울 것이요, 꾸짖는 자의 입은 뜨겁게 끓어오르리라. 이는 마치 사람이 하늘에 대고 침을 뱉는 것과 같아서 그 침이 도로 자기에게 떨어지는 것과 같으니라.

罵 욕할 매. 摠 모두 총. 沸 끓을 비. 唾 침 타. 墜 떨어질 추.

## 9

**我若被人罵**라도 **佯聾不分說**하라
아 약 피 인 매    양 롱 불 분 설

**譬如火燒空**하여 **不救自然滅**이라
비 여 화 소 공    불 구 자 연 멸

**我心**은 **等虛空**이어늘 **摠爾飜脣舌**이니라.
아 심   등 허 공    총 이 번 순 설

내가 만일 남에게 욕을 먹더라도
귀먹은 척하고 옳고 그름을 따져 말하지 말라.
예를 들면 그것은 마치 불이 허공에서 타다가
끄지 않아도 저절로 꺼지는 것과 같으니라.
내 마음이 허공과 같거늘
모두 너의 입술과 혀만이 나불댈 뿐이니라.

被 입을(당할) 피, 佯 거짓 양, 聾 귀머거리 롱, 譬 비유할 비, 燒 사를 소,
滅 멸망할 멸, 飜 뒤칠 번, 脣 입술 순.

## 10

**凡事**에 **留人情**이면 **後來**에 **好相見**이니라.
범사  유인정  후래  호상견

  모든 일에 인정을 남겨두면, 훗날 만났을 때에 좋은 얼굴로 서로 보게 되느니라.

---

凡 무릇 범, 事 일 사, 留 머무를 류, 情 뜻 정, 後 뒤 후, 來 올 래, 好 좋을 호, 相 서로 상, 見 볼 견.

# 근학편(勤學篇)
부지런히 배워 학문에 힘쓰는 글

1

子夏曰,
자 하 왈

博學而篤志하고 切問而近思하면 仁在其
박 학 이 독 지       절 문 이 근 사        인 재 기

中矣니라.
중 의

자하가 말하였다.

널리 배워서 뜻을 두텁게 하고, 진실하게 물어 잘 생각한다면 어짊[仁]이 그 가운데 있느니라.

> 자하왈(子夏曰) : 통행본에는 자왈(子曰)로 되어 있으나 「논어(論語)」에 의거하였음.

博 넓을 박, 篤 도타울 독, 志 뜻 지, 切 끊을 절(모두 체), 矣 어조사 의.

2

莊子曰,
장자 왈,

人之不學은 如登天而無術하고 學而智
인 지 불 학    여 등 천 이 무 술         학 이 지

遠이면 如披祥雲而觀靑天하고 登高山而
원       여 피 상 운 이 도 청 천         등 고 산 이

望四海니라.
망 사 해

장자가 말하였다.

사람이 배우지 않으려 함은 재주도 없이 하늘에 오르려 하는 것과 같고, 배워서 지혜가 깊으면 상서로운 구름을 헤쳐서 푸른 하늘을 보는 것과 같고, 높은 산에 올라 온 사방의 바다를 바라보는 것과 같으니라.

如 같을 여, 登 오를 등, 術 꾀 술, 智 슬기 지, 遠 멀 원, 披 나눌 피, 祥 상서로울 상, 雲 구름 운, 觀 볼 도, 海 바다 해.

근학편(勤學篇)

## 3

禮記에 曰,

玉不琢이면 不成器하고 人不學이면 不知義니라.

「예기」에서 말하였다.

옥은 다듬지 않으면 그릇을 만들 수 없고, 사람은 배우지 않으면 의(義)를 알지 못하니라.

> 「예기(禮記)」: 오경(五經)의 하나로 예(禮)의 원리와 예절(禮節)에 관하여 기록한 책.

---

禮 예도 예, 琢 쪼일 탁, 器 그릇 기, 義 옳을 의.

## 4

**太公**이 **曰**,
태공    왈,

**人生不學**이면 **如冥冥夜行**이니라.
인 생 불 학        여 명 명 야 행

태공이 말하였다.
사람이 태어나서 배우지 않으면 마치 어두운 밤길을 가는 것과 같으니라.

---

如 같을 여. 冥 어두울 명. 夜 밤 야. 行 갈 행.

5

**韓文公**이 **曰**,

**人通古今**이면 **馬牛而襟裾**니라.

한문공 유(愈)가 말하였다.
 사람이 과거와 현재의 일을 알지 못하면 말과 소에다 옷을 입혀 놓은 것과 같으니라.

> 한문공(韓文公) : 당대(唐代)의 문장가 한유(韓愈)를 일컬음. 자는 퇴지(退之)이다.

古 예(과거) 고. 今 이제 금. 襟 옷깃 금. 裾 옷자락 거.

6

朱文公이 曰,
주 문 공    왈

家若貧이라도 不可因貧而廢學이요 家若
가 약 빈         불 가 인 빈 이 폐 학        가 약

富라도 不可恃富而怠學이니 貧若勤學이
부       불 가 시 부 이 태 학       빈 약 근 학

면 可以立身이요 富若勤學이면 名乃光榮
   가 이 입 신      부 약 근 학       명 내 광 영

이니라.

惟見學者顯達이요 不見學者無成이니라.
유 견 학 자 현 달      불 견 학 자 무 성

學者는 乃身之寶요 學者는 乃世之珍이니
학 자    내 신 지 보    학 자    내 세 지 진

라.

是故로 學則乃爲君子요 不學則爲小人
시 고    학 즉 내 위 군 자     불 학 즉 위 소 인

이니 後之學者는 宜各勉之니라.
      후 지 학 자    의 각 면 지

주문공이 말하였다.

만약 집이 가난하더라도 그 가난으로 인하여 배우는 것을 그쳐서는 안 되고, 만약 집이 부유하더라도 그것을 믿고 배움을 게을리 해서도 안 된다. 만약 가난한 자가 부지런히 배운다면 몸을 세울 수 있을 것이요, 만약 부유한 자가 부지런히 배운다면 이름이 더욱 빛날 것이니라.

오직 배워서 지식을 넓히는 사람만이 훌륭하게 되는 것을 보았으며, 배운 사람으로서 뜻을 이루지 못한 예는 없느니라.

배움이란 곧 몸의 보배요, 배운 사람은 곧 세상의 보배이니라.

그러므로 배움 그 자체는 곧 군자가 되고, 배우지 않으면 소인이 되니, 후세에 배우는 자들은 마땅히 각자 힘써야 하느니라.

▶ 주문공(朱文公) : 주자(朱子).

若 만약 약, 貧 가난할 빈, 因 인할 인, 廢 폐할 폐, 恃 믿을 시, 怠 게으를 태, 勤 부지런할 근, 乃 이에 내, 榮 영화 영, 惟 오직 유, 顯 나타날 현, 達 통달할 달, 則 곧 즉, 宜 마땅할 의, 各 각각 각, 勉 힘쓸 면.

## 7

徽宗皇帝曰,
學者는 如禾如稻하고 不學者는 如蒿如草로다. 如禾如稻兮여 國之精糧이요 世之大寶로다. 如蒿如草兮여 耕者憎嫌하고 鋤者煩惱니라. 他日面墻에 悔之已老로다.

휘종 황제가 말하였다.
배운 사람은 쌀알이나 벼와 같으며, 배우지 않은 사람은 쑥이나 풀과 같도다. 쌀알과 벼와 같음은 나라의 좋은 양식이요 세상의 큰 보배로다. 쑥이나 풀과 같음은 밭을 가는 사람 싫어하고 김매는 사람 귀찮아하느니라. 훗날 담장에 낯(얼굴)을 대한 듯이 답답해하며, 뉘우친들 그때에는 이미 늙음이로다(늦었다).

> 휘종황제(徽宗皇帝) : 북송(北宋)의 8대 임금으로 신법당(新法黨)을 등용하였으며 글씨와 그림에 조예가 깊었음. 고금(古今)의 서화를 모아 「선화서화보(宣化書畵譜)」를 만들었음.

禾 벼 화, 稻 벼(곡식) 도, 蒿 쑥 호, 糧 양식 량, 耕 밭갈 경, 憎 미워할 증, 嫌 싫어할 혐, 鋤 호미 서, 煩 번잡할 번, 墻 담 장.

8

## 論語曰
논 어 왈,

## 學如不及이요 惟恐失之니라.
학 여 불 급   유 공 실 지

「논어」에서 말하였다.
배울 것은 한이 없으므로 다하지 못할 듯이 여기고, 오직 배운 것을 잃을까 두려워할지니라.

> 「논어(論語)」: 공자(孔子)의 말과 행동을 적은 유교의 경전. 사서(四書)의 하나. 공자의 도덕인 '인(仁)'의 뜻과 정치·교육에 대한 의견 등이 7권 20편으로 쓰여 있다. 惟(오직 유) 대신 猶(오히려 유)로 쓴 책도 있음.

及 미칠 급, 惟 생각할(오직) 유, 恐 두려울 공, 失 잃을 실.

## 훈자편(訓子篇)
아들을 가르치는 글

1

景行錄에 云,

賓客不來면 門戶俗하고 詩書無敎면 子孫愚니라.

「경행록」에서 말하였다.
 손님이 찾아오지 않으면 집안이 천해지고, 시경과 서경을 가르치지 않으면 자손이 어리석어지느니라.

> 훈자(訓子) : 어려서부터 자녀들에게 학식과 기능, 그리고 심성과 인격을 교육시킴. 자녀교육.

賓 손 빈, 客 손 객, 俗 풍속 속, 詩 시 시, 書 쓸 서, 敎 가르칠 교, 孫 손자 손, 愚 어리석을 우.

## 2

**莊子曰,**
장자왈,

**事雖小**나 **不作**이면 **不成**이요 **子雖賢**이나
사 수 소　　부 작　　　 불 성　　　 자 수 현

**不敎**면 **不明**이니라.
불 교　　불 명

　장자가 말하였다.
　일은 비록 그것이 작은 것이라도 하지 않으면 이루어지지 않고, 자식이 비록 어질더라도 가르치지 않으면 현명하게 되지 않느니라.

---

雖 비록 수. 作 지을 작. 賢 어질 현. 明 밝을 명.

## 3

漢書에 云,
黃金滿籯이 不如敎子一經이요 賜子千金이 不如敎子一藝니라.

「한서」에서 말하였다.
 황금이 궤짝에 가득하게 있어도 자식에게 「경서(經書)」 한 권을 가르치는 것만 같지 못하고, 자식에게 천금을 물려주는 것이 자식에게 기술 한 가지를 가르쳐주는 것만 못하니라.

> 한서(漢書) : 전한(前漢)의 고조(高祖)에서 왕망(王莽)까지 229년 동안의 역사를 기록한 책. 반표(班彪)가 시작한 것을 반고(班固)가 이루었으며, 그의 누이동생인 반소(班昭)가 완성했다. 모두 120권으로 되어 있다. 경서(經書) : 유교의 경전. (사서·오경 등).

籯 광주리 영. 賜 줄 사. 藝 기예 예.

## 4

至樂은 莫如讀書요 至要는 莫如敎子니라.
지락  막여독서    지요   막여교자

매우 즐거운 것은 책을 읽는 것만 못하고, 매우 중요한 것은 자식을 가르치는 것 만한 것이 없느니라.

## 5

呂滎公이 曰,
여형공   왈

內無賢父兄하고 外無嚴師友요 而能有
내무현부형       외무엄사우      이능유

成者 鮮矣니라.
성자 선의

여형공이 말하였다.
집안에 현명한 부모와 형이 없고, 밖으로는 엄한 스승이나 친구가 없이도 능히 뜻을 이룰 수 있는 자는 드무니라.

> **여형공(呂滎公)** : 북송(北宋) 때의 학자로 이름은 희철(希哲)이며, 자는 원명(原明)이다. 형국공(滎國公)에 봉해졌으므로 형공이라 불렀음.

樂 즐거울 락, 莫 아닐 막, 如 같을 여, 讀 읽을 독, 書 글 서, 要 긴요할 요,
嚴 엄할 엄, 師 스승 사, 能 능할 능, 鮮 드물 선.

## 6

太公이 曰,
태공   왈

男子失敎면 長必頑愚하고 女子失敎면 長
남자실교    장필완우         여자실교    장

必麤疎니라.
필추소

태공이 말하였다.
 남자가 배울 때를 놓치면 자라서 미련하고 어리석어지며, 여자가 가르침을 받지 못하면 자라서 거칠고 성기게 되느니라.

## 7

男年長大어든 莫習樂酒하고 女年長大어
남년장대      막습악주         여년장대

든 莫令遊走하라.
  막령유주

남자가 장성해지거든 풍류나 술을 배우지 말도록 하고, 여자가 장성해지거든 나돌아 다니며 놀지 말게 하라.

---

頑 완고할 완. 愚 어리석을 우. 麤 거칠 추. 疎 성길 소.
莫 없을 막. 習 익힐 습. 令 시킬 령. 遊 놀 유. 走 달릴 주.

## 8

**嚴父**는 **出孝子**하고 **嚴母**는 **出孝女**니라.
엄부    출효자       엄모    출효녀

　엄한 아버지는 효자를 길러내고, 엄한 어머니는 효녀를 길러내느니라.

**憐兒**어든 **多與棒**하고 **憎兒**어든 **多與食**하라.
연아       다여봉       증아       다여식

　귀여운 아이는 매를 많이 주고, 미운 아이이거든 밥을 많이 주라.

**人皆愛珠玉**이나 **我愛子孫賢**이니라.
인개애주옥         아애자손현

　사람들은 모두 주옥을 사랑하나, 나는 자손의 어진 것을 사랑하느니라.

---

嚴 엄할 엄, 憐 사랑할 련, 棒 몽둥이 봉, 憎 미워할 증, 珠 구슬 주.

## 성심편(省心篇)·上
마음을 살펴 반성하는 글

1

景行錄에 云,
寶貨는 用之有盡이요 忠孝는 享之無窮이니라.

「경행록」에서 말하였다.
보화는 쓰면 다할 때가 있고, 충성과 효도는 누릴수록 다함이 없느니라.

▶ 성심(省心) : 마음을 살펴 반성하다.

省 살필 성(덜 생), 寶 보배 보, 貨 재화 화, 盡 다할 진, 享 누릴 향.

2

家和면 貧也好어니와 不義(誼)면 富如何오
가 화  빈 야 호       불 의      부 여 하

但存一子孝니 何用子孫多리오.
단 존 일 자 효   하 용 자 손 다

  집안이 화목하면 가난해도 즐겁거니와 의롭지 않으면 부자인들 무엇하겠는가? 단 한 자식이라도 효도하는 자를 둘 것이니, 자손이 많음을 어디다 쓰겠는가.

---

家 집 가, 和 화할 화, 義 옳을 의(誼도 通用), 富 가멸 부.

3

父不憂心因子孝요 夫無煩惱是妻賢이라
부불우심인자효　　부무번뇌시처현

言多語失皆因酒요 義斷親疎只爲錢이니라
언다어실개인주　　의단친소지위전

　아버지의 근심 없는 마음은 자식이 효도하기 때문이요, 남편이 번거로운 걱정이 없음은 아내가 어질기 때문이라. 말이 많고 말을 실수함은 모두가 술 때문이요, 의리가 끊어지고 친한 사이가 멀어지는 것은 모두가 돈 때문이니라.

憂 근심할 우, 煩 번거로울 번, 惱 괴로워할 뇌, 斷 끊을 단, 錢 돈 전.

## 4

**旣取非常樂**이어든 **須防不測憂**니라.
기 취 비 상 락　　　　수 방 불 측 우

이미 심상치 못한 즐거움을 가졌거든, 모름지기 예측할 수 없는 근심이 있을 것에 대비할지니라.

## 5

**得寵思辱**하고 **居安慮危**니라.
득 총 사 욕　　　거 안 여 위

귀엽게 여겨 사랑을 받거든 욕이 뒤따를 것을 생각하고, 평안히 살 때에 위태로움이 있을 것을 염려할지니라.

---

旣 이미 기, 須 모름지기 수, 防 막을 방, 測 잴 측.
得 얻을 득, 寵 총애 총, 辱 욕되게 할 욕, 慮 생각할 려, 危 위태할 위.

## 6

**榮輕辱淺**하고 **利重害深**이니라.
영경욕천　　　이중해심

　귀하게 되어 세상에 이름남이 가벼우면 욕됨도 얕고, 이로움이 무거우면 해로움도 깊으니라.


## 7

**甚愛必甚費**요 **甚譽必甚毁**요 **甚喜必甚憂**요 **甚臟必甚亡**이니라.
심애필심비　　심예필심훼　　심희필심우　　심장필심망

　사랑함이 지나치면 반드시 지출이 심하고, 명예가 지나치면 반드시 심한 훼방이 따르며, 기뻐함이 지나치면 반드시 심한 근심을 가져오고, 뇌물을 탐함이 지나치면 반드시 크게 망하느니라.

---

榮 영화 영, 輕 가벼울 경, 辱 욕되게 할 욕, 淺 얕을 천.
甚 심할 심, 費 비용 비, 譽 기릴 예, 毁 훼손할 훼, 憂 근심 우, 臟 장물 장.

## 8

子曰,
자 왈,

不觀高崖면 何以知顚墜之患이며 不臨
불관고애    하이지전추지환         불림

深淵(泉)이면 何以知沒溺之患이며 不觀
심연 천      하이지몰익지환        불관

巨海면 何以知風波之患이리오.
거해    하이지풍파지환

공자가 말씀하셨다.

 높은 낭떠러지를 보지 않고서야 어찌 굴러 떨어지는 근심과 화를 알 것이며, 깊은 못(샘)에 가보지 않고서야 어찌 빠져 죽는 근심과 화를 알 것이며, 큰 바다를 보지 않고서야 어찌 풍파의 근심과 화를 알리오.

崖 벼랑 애, 顚 넘어질 전, 墜 떨어질 추, 淵 못 연, 溺 빠질 닉.

## 9

**欲知未來**거든 **先察已然**이니라.
욕지미래    선찰이연

앞날의 일을 알려거든 먼저 지나간 일들을 살펴볼지니라.

## 10

**子曰**,
자 왈

**明鏡**은 **所以察形**이요 **往古**는 **所以知今**이니라.
명경    소이찰형     왕고    소이지금

공자가 말씀하셨다.
맑은 거울은 얼굴(형상)을 살필 수 있는 것이요, 지나간 일은 현재를 아는 길이니라.

---

欲 하고자할 욕, 未 아닐 미, 來 올 래. 察 살필 찰.
鏡 거울 경. 察 살필 찰. 形 모양 형, 往 갈 왕. 古 옛 고.

## 11

過去事는 明如鏡이요 未來事는 暗似漆이니라.
과거사  명여경    미래사  암사칠

　지나간 일은 맑은 거울과 같으나 앞날의 일은 어둡기가 칠흑과 같으니라.


## 12

景行錄에 云,
경행록  운

明朝之事를 薄暮에 不可必이요 薄暮之事를 晡時에 不可必이니라.
명조지사  박모  불가필    박모지사   포시  불가필

「경행록」에서 말하였다.
　내일 아침의 일을 오늘 저녁에는 결코 알지 못하고, 저녁에 일어날 일을 낮에는 결코 알 수가 없느니라.

---

如 같을 여, 未 아닐 미, 暗 어두울 암, 似 같을 사, 漆 옻(검을) 칠.
朝 아침 조, 薄 엷을 박, 暮 저물 모, 晡 신시 포.

## 13

**天有不測風雨**하고 **人有朝夕禍福**이니라.
천 유 불 측 풍 우      인 유 조 석 화 복

하늘에는 헤아릴 수 없는 비바람이 있고, 사람에게는 아침과 저녁으로 화(禍)와 복(福)이 있느니라.


## 14

**未歸三尺土**하여는 **難保百年身**이요 **已歸三尺土**하여는 **難保百年墳**이니라.
미 귀 삼 척 토        난 보 백 년 신      이 귀 삼 척 토        난 보 백 년 분

흙 속(무덤 속)으로 석 자를 파 들어가 보지 않고서는 백 년의 몸을 보전하기 어렵고, 이미 석 자 흙 속으로 돌아가서는 백 년 동안 무덤을 보전하기 어려우니라.

---

測 잴 측. 朝 아침 조. 夕 저녁 석. 禍 재앙 화. 福 복 복.
歸 돌아갈 귀. 尺 자 척. 難 어려울 난. 保 지킬 보. 墳 무덤 분.

## 15

景行錄에 云,

木有所養이면 則根本固하고 而枝葉茂하여 棟樑之材成하니라. 水有所養이면 則泉源壯하고 而流派長하여 灌漑之利博하니라.

人有所養이면 則志氣大하고 而識見明하여 忠義之士出이니 可不養哉아.

「경행록」에서 말하였다.
나무는 뿌리가 튼튼하고, 가지와 잎을 무성하게 길러야 기둥이나 대들보가 될 재목으로 성장하느니라. 물은 그 물의 근원을 넓게 해야 물의 흐름이 길어서 관개(灌漑)의 이익이 널리 베풀어질 수 있느니라. 사람을 잘 키우면 뜻과 기상이 크고, 식견(識見)이 넓어져서 충성스럽고 의로운 선비로 출세할 것이니, 어찌 이와 같이 기르지 아니할 것인가?

養 기를 양, 根 뿌리 근, 固 굳을 고, 枝 가지 지, 葉 잎 엽, 茂 우거질 무, 棟 용마루 동, 樑 들보 량, 泉 샘 천, 源 근원 원, 壯 씩씩할 장, 派 물갈래 파, 灌 물댈 관, 漑 물댈 개, 博 넓을 박, 志 뜻 지, 識 알 식, 忠 충성 충, 義 옳을 의.

## 16

**自信者**는 **人亦信之**하여 **吳越**이 **皆兄弟**요
자신자      인역신지         오월      개형제

**自疑者**는 **人亦疑之**하여 **身外**에는 **皆敵國**
자의자      인역의지         신외       개적국

이니라.

자기 자신을 믿는 자는 남도 또한 믿어서 오월(吳越) 사이일지라도 모두 형제가 될 수 있고, 스스로를 의심하는 자는 남도 또한 의심하여 자기 이외에는 모두 적국(敵國)과 같이 되느니라.

> 오월(吳越) : 오(吳)나라와 월(越)나라를 일컬음. 오왕 부차(吳王夫差)와 월왕 구천(越王句踐)이 서로 원수가 되었음. 훗날 사람들이 원수 사이를 흔히 오월(吳越)이라 한다.

信 믿을 신. 疑 의심할 의. 敵 원수 적.

## 17

## 疑人莫用하고 用人勿疑니라.
의 인 막 용　　용 인 물 의

　의심스러운 사람은 쓰지 말고, 사람을 이미 썼으면 의심하지 말지니라.

> 의인(疑人) : 의심스러운 사람. 용인(用人) : 사람을 씀.
> 물의(勿疑) : 의심하지 말라.

莫 말(말다) 막. 用 쓸 용. 勿 말(말다) 물.

18

諷諫에 云,

水底魚天邊雁은 高可射兮低可釣어니와

惟有人心咫尺間이라도 咫尺人心不可料니라.

「풍간」에서 말하였다.
 물 속 깊이 있는 물고기와 하늘 높이 떠 있는 기러기는, 높은 곳에 있는 것은 활로 쏘아 잡고, 낮은 곳에 있는 것은 낚을 수 있으나, 오직 사람의 마음은 바로 곁에 있을지라도, 그 곁에 있는 사람의 마음만은 헤아리지 못하느니라.

底 밑 저, 邊 가 변, 雁 기러기 안, 射 쏠 사, 低 낮을 저, 釣 낚시 조,
惟 오직 유, 咫 여덟치 지, 料 헤아릴 료.

## 19

**畫虎畫皮難畫骨**이요 **知人知面不知心**이
화 호 화 피 난 화 골　　　지 인 지 면 부 지 심

니라.

　호랑이를 그리되 그 가죽은 그릴 수 있으나 속에 있는 그 뼈는 그리기 어렵고, 그 사람의 얼굴은 알 수 있지만 그 마음은 알지 못하느니라.

畫 그림 화, 虎 범 호, 皮 가죽 피, 骨 뼈 골.

## 20

**對面共話**하되 **心隔千山**이니라.
대 면 공 화      심 격 천 산

 얼굴을 맞대고 서로 이야기는 하되 마음은 여러 산이 막혀 있는 것처럼 멀리 떨어져 있느니라.

> 격천산(隔千山) : 천산(千山)이라 함은 수없이 많은 산을 뜻한다. 천산을 격해 있다 하는 것은 서로간의 생각이 거리가 먼 것을 표현하는 것임.

## 21

**海枯**면 **終見底**나 **人死**엔 **不知心**이니라.
해 고      종 견 저      인 사      부 지 심

 바다가 마르면 마침내는 그 밑바닥을 볼 수 있지만 사람은 죽은 후에도 그 마음을 알지 못하느니라.

對 대할 대, 共 함께 공, 話 말할 화, 隔 사이 뜰 격.
海 바다 해, 枯 마를 고, 終 끝날 종, 底 밑 저, 死 죽을 사.

## 22

**太公**이 **曰**,
태공　 왈

**凡人**은 **不可逆相**이요 **海水**는 **不可斗量**이
범인　　불가역상　　　　해수　　 불가두량

니라.

태공이 말하였다.
보통 사람은 미리 앞날을 점칠 수가 없고, 바닷물은 말〔斗〕로써 그 양을 헤아릴 수 없느니라.

> 역상(逆相) : 앞으로 닥쳐올 운명을 헤아리는 것.
> 두량(斗量) : 말〔斗〕로 양을 헤아리다.

---

凡 무릇 범. 逆 거스를 역. 相 서로(점칠) 상. 斗 말 두. 量 헤아릴 량.

23

景行錄에 云,
結怨於人을 謂之種禍요 捨善不爲를 謂之自賊이니라.

「경행록」에서 말하였다.
 다른 사람과 원수가 되는 것은 재앙의 씨앗을 뿌리는 일이요, 선을 외면하고 행하지 않는 것은 스스로 제 몸을 해치는 것과 같으니라.

---

結 맺을 결. 怨 원망할 원. 謂 이를 위. 捨 버릴 사. 賊 도둑(해칠) 적.

## 24

若聽一面說이면 便見相離別이니라.
약 청 일 면 설　　　변 견 상 이 별

　만일 한쪽의 말만 들으면 친한 사이가 갑자기 멀어질 것이니라.

## 25

飽煖에 思淫慾하고 飢寒에 發道心이니라.
포 난　　사 음 욕　　　기 한　　발 도 심

　배부르고 따뜻한 곳에서 호강하고 살면 음흉스러운(정욕) 마음이 생기고, 굶주리고 추운 생활에서는 옳은(도덕의) 마음이 나타나느니라.

---

聽 들을 청, 說 말씀 설, 便 즉(곧) 변(편할 편), 離 떠날 리.
飽 물릴 포, 煖 따뜻할 난, 淫 음란할 음, 慾 욕심 욕, 飢 주릴 기.

26

疏廣이 曰,

賢人而多財면 則損其志하고 愚人而多財면 則益其過니라.

소광이 말하였다.
어진 사람에게 재물이 많으면 그의 지조가 손상되고, 어리석은 사람에게 재물이 많으면 그 허물을 더하느니라.

> 소광(疏廣) : 전한(前漢) 선제(宣帝) 때 사람으로 태부(太傅)의 높은 지위에 있다가 나이가 들어 벼슬을 그만두자, 선제와 태자가 많은 재물(財物)을 내렸다. 그가 그 재물들을 하나도 남김없이 친구들에게 나누어 주자 어떤 사람이 그에게 그 재물을 자손들에게 물려주라고 하자 그가 한 말임.

疏 트일 소, 廣 넓을 광, 賢 어질 현, 財 재물 재, 損 덜 손,
愚 어리석을 우, 益 더할 익, 過 허물 과.

## 27

**人貧智短**하고 **福至心靈**이니라.
인 빈 지 단    복 지 심 령

 사람이 가난하면 지혜도 짧아지고, 복에 다다르면 마음도 존귀해지느니라.

## 28

**不經一事**면 **不長一智**니라.
불 경 일 사    부 장 일 지

 한 가지의 일이라도 경험하지 않으면, 그 일에 대한 한 가지 지혜도 자라지 않느니라.

---

貧 가난할 빈, 短 짧을 단, 福 복 복, 至 이를 지, 靈 신령 령.
事 일 사, 智 슬기 지.

## 29

### 是非終日有라도 不聽이면 自然無니라.
시 비 종 일 유   불 청   자 연 무

하루 종일 옳고 그름을 따지더라도 이를 들은 체하지 않으면 저절로 없어지느니라.

## 30

### 來說是非者는 便是是非人이니라.
내 설 시 비 자   변 시 시 비 인

찾아 와서 남의 시비를(옳고 그름을) 말하는 자는 바로(곧) 나에게 시비를 거는 사람이니라.

---

是 옳을 시, 非 아닐 비, 聽 들을 청, 自 스스로 자, 然 그러할 연.
來 올 래, 說 말씀 설, 便 곧(즉시) 변, 是 옳을 시.

## 31

**擊壤詩**에 **云**,

**平生**에 **不作皺眉事**하면 **世上**에 **應無切齒人**이니 **大名**을 **豈有鐫頑石**가 **路上行人**이 **口勝碑**니라.

「격양시」에서 말하였다.
  평생 동안 눈썹 찌푸릴 일을 하지 않으면 세상에 이를 갈 사람이 없을 것이니, 크게 떨친 이름을 어찌 뜻 없는 돌에 새길 것인가, 길 가는 사람들이 하는 말이 비문보다 나으니라.

---

皺 주름 추, 眉 눈썹 미, 應 응당 응, 切 끊을 절, 齒 이 치, 豈 어찌 기, 鐫 새길 전, 頑 완고할 완, 勝 이길 승, 碑 비석 비.

## 32

**有麝自然香**이니 **何必當風立**가.
유 사 자 연 향    하 필 당 풍 립

사향을 가졌으면 저절로 향기로우니, 어찌 꼭 바람이 불어야만 향기롭겠는가?

> 사향(麝香) : 사향노루·사향고양이 등의 수컷의 향낭(香囊)에서 채취한 흑갈색 가루로 특수한 냄새를 풍김. 사향노루(궁노루)는 배꼽 근처에 향낭이 있고, 사향고양이는 생식기와 항문 근처에 사향샘이 있다.

麝 사향노루 사, 香 향기 향, 當 마땅할 당, 風 바람 풍.

33

有福莫享盡하라 福盡身貧窮이요 有勢莫使盡하라 勢盡冤相逢이니라 福兮常自惜하고 勢兮常自恭하라 人生驕與侈는 有始多無終이니라.

 복(福)이 있다고 모두 다 차지하지 말라. 복이 다하면 몸이 빈궁해질 것이요, 권세(權勢)가 있다 해도 다 부리지 말라. 권세가 다하면 원수와 서로 만나느니라. 복이 있거든 항상 스스로 아끼고, 권세가 있거든 항상 몸소 삼가라. 인간 생활에서 흔히 교만함과 사치스러움은 시작은 있으나 나중에는 없는 경우가 많으니라.

窮 다할 궁. 冤 원통할 원. 逢 만날 봉. 驕 교만할 교. 侈 사치할 치.

## 34

王參政四留銘에 曰,

留有餘不盡之巧하여 以還造物하고 留有餘不盡之祿하여 以還朝廷하고 留有餘不盡之財하여 以還百姓하고 留有餘不盡之福하여 以還子孫이니라.

왕참정의 「사류명」에서 말하였다.
여유 있게 재주를 남겨 두었다가 조물주에게 돌려주고, 여유 있게 봉록을 남겨 두었다가 조정에 돌려주고, 여유 있게 재물을 남겨 두었다가 백성들에게 돌려주고, 여유 있게 복을 남겨 두었다가 자손에게 돌려줄지니라.

> **왕참정(王參政)** : 이름은 단(旦)으로 북송(北宋), 진종(眞宗) 때 정치가임. 사류명(四留銘)이란 '네 가지를 남겨 두라'는 계명임.

餘 남을 여, 盡 다할 진, 巧 공교할 교, 還 돌려줄 환, 祿 복 록.

## 35

**黃金千兩**이 **未爲貴**요 **得人一語**가 **勝千金**이니라.
황금천냥    미위귀    득인일어    승천금

황금 천 냥이 귀한 것이 아니요, 다른 사람의 좋은 말 한마디 듣는 것이 천금(千金)보다 나으니라.


## 36

**巧者**는 **拙之奴**요 **苦者**는 **樂之母**니라.
교자    졸지노    고자    낙지모

재주 있는 사람은 재주 없는 사람의 종이요(사람을 위해 일해야 한다), 오늘의 고생은 내일의 즐거움의 근본이니라.

---

黃 누를 황, 兩 두 량(냥), 得 얻을 득, 語 말씀 어, 勝 이길 승.
巧 공교할 교, 拙 졸할 졸, 奴 종 노, 苦 쓸 고, 樂 즐길 락.

## 37

**小船**은 **難堪重載**이요 **深逕**은 **不宜獨行**이니라.
소 선    난 감 중 재    심 경    불 의 독 행

 작은 배는 실은 물건이 무거우면 견디기 어렵고, 으슥한(깊은) 길은 혼자 다니기에 마땅치 않으니라.

## 38

**黃金**이 **未是貴**요 **安樂**이 **値錢多**니라.
황 금    미 시 귀    안 락    치 전 다

 황금이 귀한 것이 아니요, 편안하고 즐거움이 돈보다 값어치가 많으니라.

---

船 배 선, 堪 견딜 감, 載 실을 재, 逕 좁은 길 경, 宜 마땅할 의, 値 값 치, 錢 돈 전, 多 많을 다.

## 39

在家에 不會邀賓客이면 出外에 方知少
재가  불회요빈객      출외   방지소

主人이니
주인

  자기 집으로 손님을 맞아 대접할 줄 모르면, 밖에 나가서야 비로소 (나를 빈객으로 대접할) 주인이 적은 줄을 아느니라.

## 40

貧居鬧市無相識이요 富住深山有遠親이
빈거요시무상식      부주심산유원친

니라.

  가난하게 되면 번화한 시장터에 살아도 서로 아는 사람이 없을 것이요, 부유하게 되면 깊은 산골에 살아도 먼 곳에서 찾아오는 친구가 있느니라.

---

會 모일 회, 邀 맞이할 요(료), 賓 손 빈, 客 손 객, 主 주인 주.
鬧 시끄러울 요(뇨), 市 저자 시, 識 알 식, 遠 멀 원, 親 친할 친.

## 41

**人義**는 **盡從貧處斷**이요 **世情**은 **便向有錢家**니라.

　사람의 의리는 모두가 다 가난 때문에 끊어지는 것이요, 세상의 인정은 곧 돈 있는 집으로 쏠리느니라.

## 42

**寧塞無底缸**이언정 **難塞鼻下橫**이니라.

　밑 빠진 항아리는 차라리 막을 수 있을지언정, 코 밑에 가로 놓인 입은 막기 어려우니라.

---

義 옳을 의, 從 좇을 종, 處 살 처, 斷 끊을 단, 便 곧 변, 錢 돈 전.
寧 차라리 녕, 塞 막을 색, 缸 항아리 항, 鼻 코 비, 橫 가로 횡.

## 43

**人情**은 **皆爲窘中疎**니라.
인정   개위군중소

사람의 정은 모든 것이 궁한 가운데서 멀어지느니라.


## 44

**史記**에 **曰**,
사기    왈

**郊天禮廟**는 **非酒不享**이요 **君臣朋友**는 **非**
교천예묘      비주불향         군신붕우      비

**酒不義**요 **鬪爭相和**는 **非酒不勸**이라
주불의      투쟁상화      비주불권

**故**로 **酒有成敗而不可泛飮之**니라.
고     주유성패이불가범음지

「사기」에서 말하였다.
  하늘에 제사 지내고 사당에 제례를 올림에 있어서도 술이 아니면 그것을 받지 않을 것이요, 임금과 신하, 친구 사이에도

술이 아니면 정의가 두터워지지 않을 것이요, 싸움을 한 후 서로 화해함에 있어서도 술이 아니면 권하지 못할 것이다. 그러므로 술에는 성공과 실패가 있으니 이를 마시되 함부로 마시면 안 되느니라.

> 사기(史記) : 사마천(司馬遷)이 황제(黃帝)로부터 한(漢)나라 무제(武帝)까지의 역대 왕조의 사적을 기전체로 적은 역사책. 약 3천 년 동안의 중국 역사를 기록한 사서(史書)임.

精 뜻 정, 皆 다 개, 爲 할 위, 窘 막힐 군, 疎 트일(멀리할) 소, 郊 성밖(들) 교, 禮 예도 례, 廟 사당 묘, 享 누릴 향, 鬪 싸움 투, 爭 다툴 쟁, 勸 권할 권, 泛 뜰(널리) 범, 飮 마실 음.

子曰,

士志於道 而恥惡衣惡食者는 未足與議也니라.

공자가 말씀하셨다.

선비가 도에 뜻을 두면서, 나쁜 옷과 나쁜 음식을 먹는 것을 부끄러워하는 사람과는 서로 같이 의논할 수 없느니라.

士 선비 사. 志 뜻 지. 恥 부끄러워할 치. 與 더불어 여. 議 의논할 의.

## 46

**荀子曰,**
순자왈,

**士有妬友**하면 **則賢交不親**하고 **君有妬臣**하면 **則賢人不至**니라.
사유투우    즉현교불친    군유투신    즉현인부지

순자가 말하였다.
 선비가 친구를 시기하는 일이 있으면 어진 친구와 사귀되 친할 수 없고, 임금이 신하를 시기하는 일이 있으면 어진 사람이 오지 않느니라.

---

妬 강새암할 투. 賢 어질 현. 臣 신하 신. 至 이를 지.

## 47

**天不生無祿之人**하고 **地不長無名之草**니
천 불 생 무 록 지 인      지 부 장 무 명 지 초
라.

하늘은 녹(복)이 없는 사람을 태어나게 하지 않고, 땅은 이름 없는 풀을 기르지 않느니라.


## 48

**大富**는 **由天**하고 **小富**는 **由勤**이니라.
대 부      유 천      소 부      유 근

큰 부자는 하늘의 뜻에 달려 있고, 작은 부자는 부지런한 데서 오느니라.

---

祿 녹 록(급료 복), 草 풀(잡초) 초.
由 말미암을(달려 있다) 유. 勤 부지런할 근.

## 49

**成家之兒**는 **惜糞如金**하고 **敗家之兒**는 **用金如糞**이니라.

집을 일으킬 아이는 똥을 아끼기를 금과 같이 (귀하게) 여기고, 집을 망칠 아이는 돈 쓰기를 똥과 같이 (천하게) 하느니라.

成 이룰 성. 惜 아낄 석. 糞 똥 분. 敗 망할(패할) 패.

## 50

康節邵先生이 曰,

閑居에 愼勿說無妨하라 纔說無妨便有妨이니라 爽口物多能作疾이요 快心事過必有殃이라 與其病後能服藥으론 不若病前能自防이니라.

강절 소선생이 말하였다.
 편안하고 한가롭게 살 때에 삼갈 것은 걱정거리가 없다고 말하지 말라. 겨우(방금 전에) 걱정할 것이 없다고 말하자마자 곧 걱정거리가 있느니라. 입에 맞는다고 음식을 많이 먹으면 마침내 병이 생기는 법이요, 마음에 상쾌한 일이 지나치면 반드시 재앙이 있느니라. 병이 든 후에 약을 먹는 것보다는 차라리 병이 들기 전에 스스로 예방하는 것이 좋으니라.

愼 삼갈 신, 纔 겨우 재, 爽 시원할 상, 疾 병 질, 殃 재앙 앙.

51

梓潼帝君垂訓에 曰,

妙藥도 難醫冤債病이요 橫財는 不富命窮人이라 生事事生을 君莫怨하고 害人人害를 汝休嗔하라 天地自然이 皆有報하니 遠在兒孫近在身이니라.

재동제군의 「수훈(垂訓)」에서 말하였다.
아무리 묘한 약을 가지고 있다고 해도 원한에 사무친 병은 고치기 어렵고, 뜻밖에 생기는 횡재도 운수가 나쁜 사람을 부자로 만들지 않느니라. 일을 저지르고 나서 일이 생겼다고 원망하지 말고, 다른 사람을 해치면 다른 사람이 나를 해치는 것을 그대는 성내지 말라. 하늘과 땅 사이의 모든 일에는 갚음이 있나니, 그것이 멀면 자손에게 있고 가까우면 자기 몸에 있느니라.

▶ 재동제군(梓潼帝君) : 도가(道家)에 속한 신의 이름.

梓 가래나무 재, 垂 드리울 수, 訓 가르칠 훈, 妙 묘할 묘, 藥 약 약, 醫 의원 의, 冤 원통할 원, 窮 다할 궁, 怨 원망할 원, 嗔 성낼 진.

花落花開開又落하고 錦衣布衣更換着이라
화락화개개우락　　　금의포의경환착

豪家도 未必常富貴요 貧家도 未必長寂寞이라
호가　미필상부귀　　빈가　미필장적막

扶人에 未必上靑霄요 推人에 未必塡溝壑이라
부인　미필상청소　　추인　미필전구학

勸君凡事莫怨天하라 天意於人에 無厚薄이니라
권군범사막원천　　　천의어인　　무후박

꽃은 졌다가 피고, 피었다가 다시 지고, 비단옷도 다시 삼베옷으로 바뀌느니라. 재산이 많은 집이라도 반드시 언제나 부유한 것은 아니요, 가난한 집이라도 반드시 언제까지나 적막하지는 않느니라. 사람을 붙들어 올려도 반드시 푸른 하늘에는 올라가지 못할 것이요, 사람을 밀어뜨린다 해도 반드시 깊은 골짜기에 굴러 떨어지지는 않느니라. 그대에게 권하노니, 매사에 있어서 하늘을 원망하지 말라. 하늘의 뜻은 원래 사람에게 후(厚)하고 박(薄)함의 구별이 없느니라.

---

錦 비단 금, 更 바꿀 경, 換 바꿀 환, 豪 호걸 호, 寞 쓸쓸할 막, 扶 도울 부, 霄 하늘 소, 塡 메울 전, 溝 도랑 구, 壑 골 학, 勸 권할 권, 薄 엷을 박.

## 53

堪歎人心이 毒似蛇라 誰知天眼이 轉如車오.

去年에 妄取東隣物터니 今日還歸北舍家라

無義錢財는 湯潑雪이요 儻來田地는 水推沙라

若將狡譎爲生計면 恰似朝開暮落花라.

사람의 마음이 독하기가 뱀 같음을 한탄하노라. 하늘의 눈이 수레바퀴처럼 돌아가고 있음을 누가 알리오? 지난해에 부질없이 동쪽 이웃에 있는 물건을 탐내어 가져왔더니, 오늘은 다시 북쪽 집으로 돌아가는구나.

불의로써 얻은 돈과 재물은 끓는 물에 뿌린 눈[雪]이요, 뜻밖에 얻은 전답은 물살에 밀려온 모래와 같으니라. 만일 간사한 속임수로 생계를 삼는다면, 그것은 마치 아침에 피었다가 저녁에 지는 꽃과 같이 오래가지 못하느니라.

堪 견딜 감, 歎 한탄할 탄, 似 같을 사, 蛇 뱀 사, 轉 구를 전, 妄 허망할 망, 湯 끓을 탕, 潑 뿌릴 발, 儻 갑자기(혹은) 당, 狡 교활할 교, 譎 속일 휼.

## 54

**無藥可醫卿相壽**요 **有錢難買子孫賢**이니라.
무 약 가 의 경 상 수　　유 전 난 매 자 손 현

　약이라고 하여 모두 재상의 수명을 고칠 수 없고, 돈이 있어도 자손의 어질고 현명함을 사기 어려우니라.

## 55

**一日清閑**이면 **一日仙**이니라.
일 일 청 한　　　일 일 선

　단 하루의 마음이 맑고 한가하면 그 하루 동안은 신선이니라.

---

醫 의원(고칠) 의, 卿 벼슬 경, 壽 목숨 수, 難 어려울 난, 賢 어질 현.
清 맑을 청, 閑 한가할 한, 仙 신선 선.

## 성심편(省心篇)·下

마음을 살펴 반성하는 글

1

眞宗皇帝御製에 曰,

知危識險이면 終無羅網之門이요 擧善薦賢이면 自有安身之路라 施仁布德은 乃世代之榮昌이요 懷妬報冤은 與子孫之危患이라 損人利己면 終無顯達雲仍이요 害衆成家면 豈有長久富貴리오 改名異體는 皆因巧語而生이요 禍起傷身은 皆是不仁之召니라.

진종황제(眞宗皇帝)의 「어제(御製)」에서 말하였다.

위태로움을 알고 험한 것을 알면, 아무래도 법(法)에 걸릴 까닭이 없을 것이요, 착한 사람을 받들고 어진 사람을 추천하면 스스로 몸이 편안할 것이니라.

어짊을 베풀고 덕(德)을 펴는 것은 곧 대대로 영광을 가져올 것이요, 시기하는 마음을 품고 억울한 죄를 보복함은 자손에게 위태로움과 근심을 끼치는 것이니라.

다른 사람을 해롭게 하여 자기를 이롭게 한다면, 끝내 현명한 자손을 기를 수 없을 것이요, 여러 사람을 해롭게 하여 자기 집안을 이루게 하면 어찌 그렇게 얻은 부귀를 오랫동안 누릴 수 있으리오.

이름을 바꾸고 몸을 달리 함은 보다 교묘한 말재주에서 나오게 된 것이요, 재앙으로써 자기 몸까지 상하게 되는 것은 모두가 어질지 못함이 불러들이는 것이니라.

▶ 진종황제(眞宗皇帝) : 북송(北宋)의 제 3대 황제로 전주(澶州)의 맹약(盟約)을 맺어 거란과의 오랜 동안의 분쟁을 해결하였음. 송나라의 문물의 융성함을 이루었음. 어제(御製) : 임금이 지은 시문(詩文)을 일컬음.

識 알 식, 羅 새그물 라, 網 그물 망, 舉 들 거, 薦 천거할 천, 懷 품을 회, 妬 투기할 투, 冤 원통할 원, 顯 나타날 현, 達 통달할 달, 體 몸 체, 禍 재화 화, 起 일어날 기, 傷 상처 상, 召 부를 소.

2

神宗皇帝御製에 曰,

遠非道之財하고 戒過度之酒하며 居必擇隣하고 交必擇友하라 嫉妬를 勿起於心하고 讒言을 勿宣於口하며 骨肉貧者를 莫疎하고 他人富者를 莫厚하라 克己는 以勤儉爲先하고 愛衆은 以謙和爲首하며 常思已往之非하고 每念未來之咎하라 若依朕之斯言이면 治國家而可久니라.

신종황제(神宗皇帝)의 「어제(御製)」에서 말하였다.

사람으로서 마땅히 지켜야할 도리가 재물이라면 이를 멀리하고, 술을 지나치게 마시는 것을 경계 할 것이며, 집을 정할 때는 반드시 이웃을 먼저 가리고, 친구를 사귈 적에는 언제나 사람을 가려서 사귀어라.

다른 사람을 시기하는 마음을 갖지 말고, 다른 사람을 헐뜯는 말을 하지 말며, 집이 가난한 사람을 소홀히 대하지 말고, 다른 사람의 부유함에 쓸데없이 후하게 대하지 말라.

사사로운 욕심을 버리고 언제나 부지런하며 검소한 것을 첫째로 삼고, 사람들을 사랑함에 있어서는 겸손하고 화목한 것을 으뜸으로 삼으며, 항상 지난날의 잘못을 생각하고, 언제나 앞날을 염두에 두어라.

만일 나의 한 말을 잘 따른다면 나라와 집안을 오랫동안 잘 다스릴 수 있느니라.

▶ 신종(神宗) : 북송(北宋)의 제 6대 황제.

戒 경계할 계, 擇 가릴 택, 妬 강새암할 투, 讒 참소할 참, 宣 베풀 선, 克 이길 극, 勤 부지런할 근, 儉 검소할 검, 衆 무리 중, 謙 겸손할 겸, 念 생각할 념, 咎 허물 구, 依 의지할 의, 朕 나 짐, 久 오랠 구.

3

高宗皇制御製에 曰,

一星之火도 能燒萬頃之薪하고 半句非言도 誤損平生之德이라 身被一縷나 常思織女之勞하고 日食三飱이나 每念農夫之苦하라 苟貪妬損이면 終無十載安康이요 積善存仁이면 必有榮華後裔니라 福緣善慶은 多因積行而生이요 入聖超凡은 盡是眞實而得이니라.

고종황제의 「어제(御製)」에서 말하였다.

한 점의 불티가 능히 드넓은 숲을 불태우고, 반 마디의 그릇된 말이 평생의 덕을 허물어뜨리느니라.

몸에 한 올의 실을 걸쳤어도 항상 베 짜는 여인의 수고로움을 생각하고, 하루 세 끼 밥을 먹을 때마다 언제나 농부의 수고를 생각하라.

미워하고 탐내고, 시기하여 남에게 손해를 끼친다면, 결코 10년의 편안함도 없을 것이요, 착함을 쌓고 어짊을 보존하면, 반드시 후손들에게 영화가 있으리라.

복이라는 것은 착함 때문에 오는 것이니 착한 일을 많이 함으로써 생겨나는 것이요, 평범한 경지를 초월해서 성인의 경지에 들어가는 것은 모두가 진실함으로써 얻어지는 것이니라.

星 별 성, 燒 사를 소, 頃 넓이 단위 경, 薪 섶나무 신, 誤 그릇할 오, 被 이불 피, 縷 실 루, 織 짤 직, 飧 저녁밥 손, 農 농사 농, 載 해 재, 裔 후손 예, 緣 인연 연, 慶 경사 경, 超 넘을 초.

4

王良이 曰,

欲知其君이면 先視其臣하고 欲識其人이면 先視其友하고 欲知其父이면 先視其子하라

君聖臣忠하고 父慈子孝니라.

왕량이 말하였다.
 그 임금을 알려거든 먼저 그 신하를 보고, 그 사람을 알려거든 먼저 그 친구를 보고, 그 아버지를 알려거든 먼저 그 자식을 보라.
 임금이 거룩하면 그 신하가 충성스럽고, 아버지가 인자하면 그 자식이 효성스러우니라.

> 왕량(王良) : 춘추시대(春秋時代) 진(晉)나라 사람.

視 볼 시, 識 알 식, 聖 성스러울 성, 忠 충성 충, 慈 사랑할 자.

5

家語에 云,

水至淸則無魚하고 人至察則無徒니라.

공자의 「가어」에서 말하였다.
물이 지나치게 맑으면 고기가 없고, 사람이 지나치게 똑똑하면 친구가 없느니라.

> 가어(家語) : 「공자가어(孔子家語)」를 말함. 공자의 언행을 모은 책.

至 이를(지극히) 지, 則 곧 즉, 魚 고기 어, 察 살필 찰, 徒 무리 도.

## 6

許敬宗이 曰,

春雨如膏나 行人은 惡其泥濘하고 秋月이 揚輝나 盜者는 憎其照鑑이니라.

허경종이 말하였다.
 봄비는 땅을 기름지게 하는 데도 길 가는 사람은 그 진땅을 싫어하고, 가을달이 높게 떠올라 비추지만 도둑질하는 자는 그 밝음을 싫어하느니라.

> 허경종(許敬宗) : 자는 연족(延族)으로 당나라 사람임.

膏 살찔 고, 惡 싫어할 오(악할 악), 泥 진흙 니, 濘 진창 녕, 揚 오를 양, 輝 빛날 휘, 盜 훔칠 도, 憎 미워할 증, 照 비출 조, 鑑 거울 감.

## 7

景行錄에 云,

大丈夫는 見善明 故로 重名節於泰山하고

用心精 故로 輕死生於鴻毛니라.

「경행록(景行錄)」에서 말하였다.
 대장부는 착함을 보는 데 밝음으로 명예와 절개를 태산보다도 더 소중히 여기고, 마음을 쓰는 것이 깨끗하므로 삶과 죽음을 기러기 털보다도 더 가볍게 여기느니라.

節 절개 절, 泰 클 태, 精 정밀할 정, 輕 가벼울 경, 鴻 큰기러기 홍.

## 8

**悶人之凶**하고 **樂人之善**하며 **濟人之急**하고 **救人之危**니라.
민인지흉   낙인지선   제인지급   구인지위

　다른 사람의 흉한 일을 민망히 여기고, 다른 사람의 좋은 일은 기뻐하며, 다른 사람이 매우 급할 때는 구해주고, 다른 사람이 위험할 때는 도와주어야 하느니라.


## 9

**經目之事**도 **恐未皆眞**이어늘 **背後之言**을 **豈足深信**이리오.
경목지사   공미개진   배후지언   기족심신

　눈으로 직접 본 일도 다 참되지 않을까 두렵거늘, 뒤에서 쑥덕거리는 말을 어찌 믿을 수 있으리오.

---

悶 민망할 민, 凶 흉할 흉, 濟 건널(구제할) 제, 救 구원할(도울) 구.
經 지날 경, 恐 두려울 공, 眞 참 진, 背 등 배, 豈 어찌 기.

## 10

**不恨自家汲繩短**하고 **只恨他家苦井深**이
불 한 자 가 급 승 단    지 한 타 가 고 정 심

로다.

　자기 집의 두레박줄이 짧은 것은 탓하지 않고, 남의 집 우물이 깊은 것만을 탓하느니라.

## 11

**贓濫**이 **滿天下**하되 **罪拘薄福人**이니라.
장 람    만 천 하    죄 구 박 복 인

　부정한 방법으로 재물을 얻은 사람이 천하에 가득하되 죄에 걸려 구속되는 사람은 박복한 사람뿐이니라.

---

恨 한할(탓할) 한. 汲 길을(긷다) 급. 繩 줄 승. 短 짧을 단.
贓 장물 장. 濫 퍼질 람. 罪 허물 죄. 拘 잡을 구. 薄 엷을 박.

12

**天若改常**이면 **不風卽雨**요
천 약 개 상　　　불 풍 즉 우

**人若改常**이면 **不病卽死**니라.
인 약 개 상　　　불 병 즉 사

　하늘이 만일 떳떳한 도리에 어긋나면 폭풍이 불지 않으면 폭우가 쏟아질 것이요, 사람이 만일 떳떳한 도리에 어긋나면 병들지 않으면 죽느니라.

改 고칠 개, 常 항상 상, 卽 곧 즉, 病 병 병, 死 죽을 사.

13

壯元詩에 云,

國正이면 天心順하고 官淸이면 民自安이라.

妻賢이면 夫禍少하고 子孝면 父心寬이니라.

「장원시」에서 말하였다.
 나라가 바르면 하늘의 뜻도 순하고, 벼슬아치가 깨끗하면 백성도 따라서 편안하느니라. 아내가 어질면 그 남편에게는 화(禍)가 적고, 자식이 효성스러우면 그 아버지의 마음이 너그러워지느니라.

> 장원시(壯元詩) : 과거에서 장원으로 뽑힌 사람의 시(詩).

壯 씩씩할 장. 順 순할 순. 官 벼슬 관. 妻 아내 처. 賢 어질 현.
禍 재화 화. 孝 효도 효. 寬 너그러울 관.

## 14

**子曰,**
자 왈

**木從繩則直**하고 **人受諫則聖**이니라.
목 종 승 즉 직      인 수 간 즉 성

공자가 말씀하셨다.
 나무는 먹줄을 좇으면 곧아지고, 사람은 다른 사람의 어려운 충고를 받아들이면 거룩해지느니라.

---

從 좇을 종, 繩 먹줄 승, 直 곧을 직, 諫 간할 간, 聖 성스러울 성.

一派靑山景色幽한데 前人田土後人收라
後人收得莫歡喜하라 更有收人在後頭니라.

 한 줄기 푸른 산은 그 경치가 그윽한데, 그 땅은 옛사람이 가꾸던 밭과 토지를 후세사람이 거두는구나. 그 땅을 거두어 얻는 것을 기뻐하지 말라. 다시 그 땅을 거둘 사람이 우리 뒤에 또 있느니라.

派 물갈래 파, 景 볕 경, 幽 그윽할 유, 收 거둘 수, 莫 말 막, 歡 기뻐할 환, 喜 기쁠 희, 更 다시 갱(고칠 경).

16

蘇東坡曰,
소동파왈,

無故而得千金이면 不有大福이라 必有大
무고이득천금      불유대복       필유대

禍니라.
화

소동파가 말하였다.
 아무 까닭 없이 천금을 얻는 것은 무슨 큰 복이 있는 것이 아니라, 반드시 큰 재앙이 있어서니라.

> 소동파(蘇東坡) : 이름은 식(軾)으로 호가 동파(東坡)이다. 북송(北宋)의 문인으로서 당송팔대가(唐宋八大家)의 한 사람임. 그 아버지 순(洵) 및 아우 철(轍)과 더불어 삼소(三蘇)로 불렸음.

故 연고 고, 福 복 복, 禍 재화 화.

**17**

康節邵先生이 曰,

有人이 來問卜하되 如何是禍福고 我虧人

是禍요 人虧我是福이니라.

　강절 소선생이 말하였다.
　어떤 사람이 찾아와서, '어떤 것이 화가 되고 어떤 것이 복이 되느냐'고 나에게 점쳐달라고 하기에, '내가 다른 사람을 해롭게 하면 이것이 화(禍)요 다른 사람이 나를 해롭게 하면 이것이 복(福)이니라.' 하였다.

問 물을 문, 卜 점 복, 禍 재화 화, 福 복 복, 虧 이지러질 휴.

## 18

**大廈千間**이라도 **夜臥八尺**이요 **良田萬頃**이라도 **日食二升**이니라.

천 칸이나 되는 큰 집일지라도 밤에 눕는 것은 여덟 자뿐이요, 좋은 밭이 만 평이나 있다고 하여도 하루의 식량은 두 되면 족할 것이니라.

## 19

**久住令人賤**이요 **頻來親也疎**라 **但看三五日**에 **相見不如初**니라.

남의 집에 오래 머물고 있으면 남이 천하게 여기고, 자주 찾아오면 친하던 사이도 소원해지느니라. 오직 사흘이나 닷새 사이인 데도 서로 보는 눈이 처음만 같지 않느니라.

---

廈 큰 집 하, 臥 누워 잘 와, 頃 넓이 단위 경, 食 먹을 식, 升 되 승.
久 오랠 구, 令 영 령, 賤 천할 천, 頻 자주 빈, 但 다만 단.

## 20

渴時一滴은 如甘露요 醉後添盃는 不如
갈 시 일 적     여 감 로     취 후 첨 배     불 여

無니라.
무

 목마를 때의 한 방울 물은 단 이슬과도 같고, 술 취한 뒤에 잔을 더함은 안 마시는 것보다 못하니라.


## 21

酒不醉人이요 人自醉라 色不迷人이요 人
주 불 취 인     인 자 취     색 불 미 인     인

自迷니라.
자 미

 술이 사람을 취하게 하는 것이 아니라 사람이 스스로 취하며, 색이 사람을 미혹시키는 것이 아니라 사람이 스스로 미혹되는 것이니라.

---

渴 목마를 갈. 滴 물방울 적. 甘 달 감. 露 이슬 로. 醉 취할 취. 添 더할 첨.
酒 술 주. 不 아닐 불. 色 빛 색. 迷 미혹할 미.

## 22

**公心**을 **若比私心**이면 **何事不辨**이며, **道念**을 **若同情念**이면 **成佛多時**니라.

　공(여럿)을 위하는 마음이 만약 사사로움을 위하는 마음 만큼이라면, 무슨 일에서든 옳고 그름을 가려내지 못하랴. 도리를 지키겠다는 마음을 만약 남녀의 정(情)을 생각하는 마음과 같이 한다면 덕을 이룬 지가 이미 오래일 것이니라.

---

比 견줄 비, 辨 분별할 변, 念 생각할 념, 成 이룰 성, 佛 부처 불.

## 23

濂溪先生曰,

巧者言하고 拙者默묵하며 巧者勞하고 拙者逸하며 巧者賊하고 拙者德하며 巧者凶하고 拙者吉하나니 嗚呼라 天下拙이면 刑政이 撤하여 上安下順하며 風淸弊絶하리라.

염계 선생이 말하였다.

교자(巧者, 덕보다 재주와 꾀가 많은 사람)는 말을 잘하고 졸자(拙者, 재주가 없고 어리석으나 우직한 사람)는 말이 없으며, 교자는 수고롭고 졸자는 한가하며, 교자는 다른 사람에게 해를 끼치고 졸자는 덕이 있으며, 교자는 흉하고 졸자는 길하다. 오! 세상이 졸(겸손)하면 형벌이 없어져 위가 편안하고 아래가 순종하며, 풍속이 맑고 나쁜 습관이 없어지리라.

> 염계(廉溪) : 성은 주(周). 이름은 돈이(敦頤). 염계는 그 자다. 북송(北宋)의 유학자. 송학(宋學, 朱子學)의 원조로서 「태극도설(太極圖說)」과 「통서(通書)」를 저술하였음. 교자(巧者) : 덕(德)보다 재주를 앞세우고 자신의 탐욕을 채우는 소인배. 졸자(拙者) : 재주 없는 어리석고 우직한 사람. 도(道)를 지키는 사람.

巧 공교할 교, 拙 졸할 졸, 黙 묵묵할 묵, 勞 일할 로, 逸 안일할 일,
賊 도둑 적, 凶 흉악할 흉, 嗚 탄식소리 오, 呼 부를 호, 刑 형벌 형,
撤 거둘 철, 弊 해질 폐, 絶 끊을 절.

## 24

易에 曰,

德微而位尊하고 智小而謀大면 無禍者鮮矣니라.

「주역」에서 말하였다.
덕(德)이 적으면서도 지위가 높고, 지혜가 없으면서 도모하는 일이 크면 화가 없을 자가 드물 것이니라.

> 주역(周易) : 역경(易經)이라고도 함. 우주의 원리와 인간의 길흉화복(吉凶禍福)을 기록한 책으로 문왕(文王)·주공(周公)·공자(孔子)에 의해 완성되었다고 함.

微 작을 미, 尊 높을 존, 智 슬기 지, 謀 꾀할 모, 鮮 적을 선.

## 25

說苑에 曰,

官怠於宦成하고 病加於小愈하며 禍生於 懈怠하고 孝衰於妻子니 察此四者하여 愼終如始니라.

「설원」에서 말하였다.

벼슬아치는 그 지위가 높아짐에 따라 게을러지고, 질병은 조금 나아짐에 따라 더해지며, 재앙은 게으른 데서 생기고, 효도는 아내와 자식이 생기는 데서 흐려지니(쇠해지니), 이 네 가지를 잘 살펴 삼가기를 처음과 나중이 같게 할지니라.

> 설원(說苑) : 전한(前漢) 때 유향(劉向)이 편찬하였음. 전해 내려오는 이야기를 모은 책임.

怠. 게으를 태, 宦 벼슬 환, 愈 나을 유, 懈 게으를 해,
衰 쇠할 쇠, 察 살필 찰, 愼 삼갈 신.

## 26

**器滿則溢**하고 **人滿則喪**이니라.
기 만 즉 일   인 만 즉 상

　그릇은 가득 차면 넘치고, 사람도 운수가 차면 잃게 되느니라.

## 27

**尺璧非寶**요 **寸陰是競**이니라.
척 벽 비 보   촌 음 시 경

　한 자 되는 구슬을 보배로 여기지 말고 한 치의 짧은 시간을 귀중히 여길지니라.

---

器 그릇 기, 滿 찰 만, 則 곧 즉, 溢 넘칠 일, 喪 죽을 상.
璧 둥근 옥 벽, 寶 보배 보, 陰 응달 음, 競 겨룰(다툴) 경.

## 28

**羊羹이 雖美나 衆口를 難調니라.**
양갱   수미   중구   난조

 양고기 국이 아무리 맛이 있어도 여러 사람의 입맛에 고루 다 맞추기는 어려우니라.

羹 국 갱. 雖 비록 수. 衆 무리 중. 難 어려울 난. 調 고를 조.

## 29

**益智書**에 云,
익지서 운

**白玉**은 **投於泥塗**라도 **不能汚穢其色**이요
백옥 투어니도 불능오예기색

**君子**는 **行於濁地**라도 **不能染亂其心**하나니
군자 행어탁지 불능염란기심

**故**로 **松栢**은 **可以耐雪霜**이요 **明智**는 **可以**
고 송백 가이내설상 명지 가이

**涉危難**이니라.
섭위난

「익지서」에서 말하였다.
 흰 구슬은 진흙 속에 던져도 그 빛을 잃지 않고, 군자는 혼탁한 곳에 갈지라도 그 마음을 어지럽게 물들 수 없느니라. 그러므로 소나무와 동백나무는 서리와 눈을 견디어 내고, 밝은 지혜는 위급하고 곤란한 일을 잘 헤쳐 나가느니라.

---

泥 진흙 니, 塗 진흙 도, 汚 더러울 오, 穢 더러울 예, 濁 흐릴 탁,
染 물들일 염, 栢 측백나무 백, 耐 견딜 내, 霜 서리 상, 涉 건널 섭.

## 30

**入山擒虎**는 **易**하나 **開口告人**은 **難**이니라.
입산금호    이    개구고인    난

산에 들어가 호랑이를 잡기는 쉬우나 입을 열어 다른 사람에게 사실을 알리기는 어려우니라.


## 31

**遠水**는 **不救近火**요 **遠親**은 **不如近隣**이니라.
원수    불구근화    원친    불여근린

멀리 있는 물은 가까이에서 붙은 불을 끄지 못하고, 먼 곳의 친척은 가까운 이웃만 못하니라.

---

擒 사로잡을 금, 虎 범 호, 易 쉬울 이, 告 알릴 고, 難 어려울 난.
遠 멀 원, 救 구원할(도울) 구, 近 가까울 근, 隣 이웃 린.

太公이 曰,

日月이 雖明이나 不照覆盆之下하고 刀刃이 雖快나 不斬無罪之人하고 非災橫禍는 不入愼家之門이니라.

태공이 말하였다.
해와 달이 제아무리 밝아도 엎어놓은 동이(항아리) 밑바닥까지는 비추지 못하고, 칼날이 아무리 날카로워도 죄 없는 사람은 베지 못하고, 나쁜 재앙이나 뜻하지 않은 화는 행동을 삼가고 신중한 사람의 집 문안으로는 들어가지 못하느니라.

覆 뒤집힐 복, 盆 동이 분, 斬 벨 참, 禍 재화 화, 愼 삼갈 신.

33

# 太公이 曰,
### 태공 왈,

# 良田萬頃이 不如薄藝隨身이니라.
### 양전만경 불여박예수신

태공이 말하였다.
좋은 밭 만 이랑이라도 아주 적은 재주 한 가지를 몸에 지닌 것만 못하니라.

頃 넓이 단위 경. 薄 엷을 박. 藝 기예 예. 隨 따를 수.

## 34

**性理書**에 **云**,
성리서       운

**接物之要**는 **己所不欲**을 **勿施於人**하고 **行**
접물지요    기소불욕    물시어인      행

**有不得**이어든 **反求諸己**니라.
유부득       반구제기

「성리서(性理書)」에서 말하였다.

 다른 사람과 사귈 때의 중요한 것은 자기가 하기 싫은 일을 남에게 떠넘기지 말고, 자기가 행하고도 얻지 못한 것이 있거든 반성하여 그 책임을 자기에게서 구해야 하느니라.

---

接 사귈 접. 要 요점 요. 欲 원할 원. 施 베풀 시. 諸 모든 제.

35

**酒色財氣四堵墻**에 **多少賢愚在內廂**이라
주 색 재 기 사 도 장       다 소 현 우 재 내 상

**若有世人**이 **跳得出**이면 **便是神仙不死**
약 유 세 인       도 득 출        변 시 신 선 불 사

**方**이니라.
방

　술과 여색과 재물과 기운이 네 가지로 쌓은 담 안에 수많은 어진 이와 어리석은 자가 그 방안에 있느니라.
　만일 사람들 중에 이곳에서 뛰쳐나올 수 있다면 그것은 바로 신선이 되어 죽지 않는 방책이니라.

> 사도장(四堵墻) : 도장(堵墻)은 담의 뜻으로 네 가지(술·색·재물·기운)로 쌓은 담으로 풀이한다.

---

堵 담 도. 墻 담 장. 愚 어리석을 우. 廂 행랑 상. 跳 뛸 도. 便 곧 변(편할 편).

# 입교편(立教篇)
가르침을 세우는 글

1

子曰,
자왈,

立身有義하니 而孝爲本이요 喪祀有禮하니 而哀爲本이요 戰陣有列하니 而勇爲本이요 治政有理하니 而農爲本이요 居國有道하니 而嗣爲本이요 生財有時하니 而力爲本이니라.

공자가 말씀하셨다.

  몸을 세움에는 의로움이 있으니 효도(孝道)가 그 근본이요, 상사(喪祀)에는 지킬 예도(禮道)가 있으니 슬퍼함이 그 근본이요. 싸움터에는 질서가 있으니 용맹이 그 근본이요, 나라를 다스리는 데는 이치(理致)가 있으니 농사가 그 근본이요. 나라를 보존하는 데에는 도리가 있으니 대를 잇는 것이 그 근본이요. 재물을 만드는 데는 때가 있으니 노력이(힘이) 그 근본이니라.

---

義 옳을 의. 祀 제사 사. 禮 예도 례. 哀 슬플 애. 嗣 이을 사.

## 2

**景行錄**에 云,
위정지요 왈공여청 성가지도 왈
**爲政之要**는 **曰公與淸**이요 **成家之道**는 **曰
儉與勤**이니라.

「경행록」에서 말하였다.
 나라를 다스리는 데 중요한 것은 공정함과 청렴함이요, 집안을 이루는 데는 검소함과 부지런함이니라.

政 정사 정. 公 공변될 공. 與 더불어(함께) 여. 儉 검소할 검.
勤 부지런할 근.

3

讀書는 起家之本이요
독서   기 가 지 본

循理는 保家之本이요
순리   보 가 지 본

勤儉은 治家之本이요
근검   치 가 지 본

和順은 齊家之本이니라.
화순   제 가 지 본

  책을 읽음은 집안을 일으키는 근본이요, 도리를 따르는 것은 집안을 보존하는 근본이요, 부지런함과 검소함은 집안을 잘 다스리는 근본이요, 화목하고 온순함은 집안을 정돈하여 가지런히 하는 근본이니라.

循 좇을 순, 勤 부지런할 근, 儉 검소할 검, 齊 가지런할 제.

**4**

孔子三計圖에 云,
공자삼계도    운

一生之計는 在於幼하고 一年之計는 在於
일생지계    재어유        일년지계    재어

春하고 一日之計는 在於寅이니 幼而不學
춘      일일지계    재어인      유이불학

이면 老無所知요 春若不耕이면 秋無所望
     노무소지    춘약불경        추무소망

이요 寅若不起면 日無所辦이니라.
     인약불기    일무소판

공자께서 「삼계도」에서 말하였다.
 한평생의 계획은 어릴 때에 있고, 일 년의 계획은 봄에 있고, 하루의 계획은 새벽에 있으니, 어렸을 때 배워 두지 않으면 늙어서 아는 것이 없고, 봄에 밭을 갈지 않으면 가을에 바랄 것이 없으며, 새벽에 일어나지 않으면 그 날의 할 일이 없느니라.

計 꾀 계, 圖 그림 도, 幼 어릴 유, 春 봄 춘, 寅 셋째 지지 인, 所 바 소, 若 만약 약, 耕 밭갈 경, 望 바랄 망, 辦 힘쓸 판.

5

**性理書**에 **云**,
성리서   운

**五教之目**은 **父子有親**하며 **君臣有義**하며
오교지목    부자유친       군신유의

**夫婦有別**하며 **長幼有序**하며 **朋友有信**이
부부유별       장유유서       붕우유신

니라.

「성리서」에서 말하였다.
다섯 가지 가르칠 것은, 아버지와 자식 사이엔 친함이 있어야 하며, 임금과 신하 사이엔 의리가 있어야 하며, 남편과 아내 사이엔 분별이 있어야 하며, 어른과 어린이 사이엔 차례가 있어야 하며, 친구 사이엔 믿음이 있어야 하느니라.

---

親 친할 친. 義 옳을 의. 婦 아내 부. 序 차례 서. 朋 벗 붕.

# 6

**三綱**은 **君爲臣綱**이요 **父爲子綱**이요 **夫爲婦綱**이니라.
삼강　　군위신강　　　부위자강　　　부위부강

　삼강(三綱)이란, 임금은 신하의 모범이 되는 것이고, 아버지는 자식의 모범이 되는 것이고, 남편은 아내의 모범이 되는 것이니라.

　▶ 강(綱) : 사물의 근본을 뜻함.

綱 벼리 강, 爲 할(되다) 위.

7

王蠋이 曰,

忠臣은 不事二君이요 烈女는 不更二夫니라.

왕촉이 말하였다.
충신은 두 임금을 섬기지 않고, 절개가 곧은 여자는 두 지아비를 섬기지 않느니라.

> 왕촉(王蠋) : 전국시대(戰國時代) 제(齊)나라 사람으로 연(燕)나라 군대가 쳐들어와서 성이 함락되어 항복하라는 권고를 받았으나 단호히 물리치고 스스로 목매어 자살하였다. 충신으로 이름 높았음.

忠 충성 충. 臣 신하 신. 事 섬길 사. 烈 세찰 렬. 更 바꿀 경, 다시 갱.

## 8

忠子曰,
치 자 왈,

治官엔 莫若平이요 臨財엔 莫若廉이니라.
치 관　　막 약 평　　　　임 재　　막 약 렴

충자가 말하였다.
벼슬아치가 일을 처리함에는 공평함 만한 것이 없고, 재물을 대할 때는 깨끗한 마음을 가져야 하느니라.

▶ 충자(忠子) : 한(漢)나라 사람. 충담(忠譚)일 일컫는 말인 듯함.

莫 말 막, 若 같을 약, 臨 임할 림, 財 재물 재, 廉 청렴할 렴.

9

張思叔座右銘에 曰,

凡語을 必忠信하며 凡行을 必篤敬하며 飮食을 必愼節하며 字畫을 必楷正하며 容貌을 必端莊하며 衣冠을 必肅整하며 步履을 必安詳하며 居處을 必正靜하며 作事을 必謀始하며 出言을 必顧行하며 常德을 必固持하며 然諾을 必重應하며 見善如己出하며 見惡如己病하라.

凡此十四者는 皆我未深省이라, 書此當座右하여 朝夕視爲警하노라.

장사숙의 「좌우명(座右銘)」에서 말하였다.

무릇 말은 반드시 정성스럽고 참되어야 하며, 무릇 행실은 반드시 독실하고 공경히 하며, 음식은 반드시 삼가고 알맞게 하며, 글씨는 반드시 정확하고 반듯하게 쓰며, 몸가짐은 반드시 단정하게 하며, 의관은 반드시 엄숙하고 바르게 하며, 걸음걸이는 반드시 편안하고 점잖게 하며, 거처하는 곳은 반드시 바르고 조용하게 하며, 일하는 것은 반드시 계획을 세워서 시작하며, 말을 하는 것은 반드시 그것을 실천할 수 있는지 없는지를 생각해서 하며, 평상의 덕(德)을 반드시 굳게 가지며, 일을 허락하는 것을 반드시 신중히 응하며, 착한 일을 보거든 내게서 나온 것같이 여기며, 남의 잘못을 보거든 마치 자신의 병처럼 여겨라.

무릇 이 열네 가지는 모두 아직도 내가 깨닫지 못한 것이다. 이것을 써서 자리 오른편에 붙이고 아침저녁으로 보고 경계하여라.

▶ 장사숙(張思叔) : 북송(北宋) 때 학자로 성리학(性理學)의 대가임. 정이천(程伊川)의 제자임. 좌우명(座右銘) : 자리 오른쪽에 써 붙인 글로써 늘 반성하는 자료를 삼는 격언.

篤 도타울 독, 愼 삼갈 신, 楷 곧을 해, 貌 얼굴 모, 肅 엄숙할 숙,
履 밟을 리, 詳 자세할 상, 靜 고요할 정, 謀 꾀할 모, 顧 돌아볼 고,
固 굳을 고, 諾 대답할 낙, 應 응할 응, 深 깊을 심, 省 살필 성,
座 자리 좌, 視 볼 시, 警 경계할 경.

范益謙座右銘에 曰,

一不言朝廷利害邊報差除요 二不言州縣官員長短得失이요 三不言衆人所作過惡之事요 四不言仕進官職趨時附勢요 五不言財利多少厭貧求富요 六不言淫媟戲慢評論女色이요 七不言求覓人物干索酒食이니라.

又人附書信을 不可開坼沈滯요 與人竝坐에 不可窺人私書요 凡入人家에 不可看人文字요 凡借人物에 不可損壞不還

이요 凡喫飲食에 不可揀擇去取요 與人同處에 不可自擇便利요 凡人富貴를 不可歎羨詆毁라.

凡此數事에 有犯之者면 足以見用心之不正이니 於存心修身에 大有所害라 因書以自警하노라.

범익겸(范益謙)의 「좌우명(座右銘)」에서 말하였다.

첫째는 조정에서의 이롭고 해로움과 변방의 보고와 누가 벼슬에 임명된 일에 관하여 말하지 말 것이요,

둘째는 고을의 벼슬살이 하는 관리들의 장단점과 얻고 잃음에 관하여 말하지 말 것이요,

셋째는 사람들이 저지른 잘못과 나쁜 일을 말하지 말 것이요,

넷째는 누가 관직에 임명되었다거나 누가 세력에 아부해서 출세했다는 일들을 말하지 말 것이요,

다섯째는 재산이 많고 적은 것이나 가난한 게 싫다거나 부

자를 바란다거나 하는 말을 하지 말 것이요.

여섯째는 음탕하고 난잡한 농담이나 여색에 관한 생각을 말하지 말 것이요.

일곱째는 남의 물건을 탐내하거나 술과 음식을 억지로 요구하지 말 것이다.

또 다른 사람이 전해달라고 부탁한 편지가 있으면 이것을 뜯어보거나 묵혀 두지 말며, 다른 사람이 곁에 같이 앉았을 때엔 남의 사사로운 편지를 엿보지 말 것이요, 무릇 남의 집에 가서 남의 문자를 훑어보지 말고, 남의 물건을 빌렸거든 이것을 훼손하거나 묵혀 두지 말 것이요. 무릇 음식을 먹을 적에는 가려서 먹거나 버리거나 취하지 말고, 남과 같이 있으면서 자기만 편한 것을 가려서 취하지 말고, 무릇 다른 사람의 재물 많음과 귀한 것을 부러워하거나 헐뜯지 말라.

무릇 이 몇 가지 일을 지키지 못하는 사람이 있다면 능히 그 마음 쓰는 것이 바르지 못함을 알 수 있으니, 마음을 바르게 하고 몸을 닦는 데 크게 해로움이 있는지라. 그러므로 이 글을 써서 옆에 두고 스스로 경계하여라.

廷 조정 정, 邊 가 변, 縣 고을 현, 趨 달릴 추, 勢 기세 세, 厭 싫을 염,
淫 음란할 음, 媟 깔볼 설, 評 평할 평, 覓 찾을 멱, 索 찾을 색,
坼 터질 탁, 滯 막힐 체, 窺 엿볼 규, 喫 마실 끽, 揀 가릴 간,
擇 가릴 택, 羨 부러워할 선, 詆 꾸짖을 저, 毁 헐(험담할) 훼,
凡 무릇 범, 犯 범할 범, 修 닦을 수, 因 인할 인, 警 경계할 경.

## 11

武王이 問太公曰,

人居世上에 何得貴賤貧富不等고 願聞

說之하여 欲知是矣로이다.

太公이 曰,

富貴는 如聖人之德하여 皆由天命이어니와

富者는 用之有節하고 不富者는 家有十盜
니이다.

  주(周) 무왕(武王)이 태공(太公)에게 물었다.
  "사람이 세상을 사는데 왜 귀하고 천하고 가난하고 부자로 사는 차이가 생기는지, 이에 대한 설명을 듣고자 합니다."
  태공이 대답하였다.
  "부귀라는 것은 성인의 덕(德)과 같아서 모두가 하늘이 준 운명에 의한 것이긴 하지만, 부자로 사는 사람은 쓰는 것을 절도 있게 쓰고, 가난하게 사는 사람은 그 집에 열 가지 도둑이 있기 때문입니다."

▰▱▱▱▱ 무왕(武王) : 주(周) 문왕(文王)의 아들로 이름은 발(發)임. 부왕(父王)의 유업(遺業)을 계승하여 은(殷)나라의 폭군(暴君) 주왕(紂王)을 멸하고 중국을 통일하여 주왕조(周王朝)를 세웠음. 강태공(姜太公) 여상을 왕사(王師)로 받들었음. 후에 태공은 제(齊)에 봉함을 받아 시조가 되었음.

貴 귀할 귀, 賤 천할 천, 貧 가난할 빈, 等 가지런할 등, 願 원할 원,
聖 성인 성, 皆 다 개, 命 명할 명, 節 마디 절, 盜 훔칠 도.

武王(무왕)이 曰(왈),

何謂十盜(하위십도)이오

太公(태공)이 曰(왈),

時熟不收爲一盜(시숙불수위일도)요 收積不了 爲二盜(수적불료 위이도)요

無事燃燈寢睡 爲三盜(무사연등침수 위삼도)요 慵懶不耕(용라불경)이 爲

四盜(사도)요 不施功力(불시공력)이 爲五盜(위오도)요 專行巧害(전행교해)

爲六盜(위육도)요 養女太多 爲七盜(양녀태다 위칠도)요 晝眠懶起(주면라기)

爲八盜(위팔도)요 貪酒嗜慾(탐주기욕)이 爲九盜(위구도)요 强行嫉(강행질)

妬 爲十盜(투 위십도)니이다.

무왕(武王)이 물었다.

"무엇이 열 가지 도둑입니까?"

태공이 대답하였다.

"곡식이 제 때에 익은 것을 거두어들이지 않는 것이 첫째의 도둑이요, 다음으로는 거두기를 시작했더라도 이것을 창고에 들여다가 쌓는 것을 마치지 않는 것이 둘째의 도둑이요, 아무 일도 없이 등불을 켜놓고 잠자는 것이 셋째의 도둑이요, 게을러서 밭갈이를 하지 않고 놀기만 하는 것이 넷째의 도둑이요, 공들여 일하지 않고 남에게 베풀지 않는 것이 다섯째의 도둑이요, 오로지 교활하고 다른 사람에게 해로운 일만 골라서 행하는 것이 여섯째의 도둑이요, 딸을 너무 많이 낳는 것이 일곱째의 도둑이요, 낮잠이나 자고 게을러서 아침 늦게 일어나는 것이 여덟째의 도둑이요, 술을 몹시 탐내고 욕망을 즐기는 것이 아홉째의 도둑이요, 지나치게 다른 사람을 시기하고 질투하는 것이 열 번째의 도둑입니다."

熟 익을 숙, 了 마칠 료, 燃 사를 연, 燈 등잔 등, 睡 잘 수, 慵 게으를 용, 懶 게으를 라, 嗜 즐길 기, 嫉 시기할 질, 妬 강새암할 투.

## 13

武王이 曰,
무 왕 왈

家無十盜而不富者는 何如이오.
가 무 십 도 이 불 부 자 하 여

太公曰,
태 공 왈

人家에 必有三耗니이다.
인 가 필 유 삼 모

武王曰,
무 왕 왈

何名三耗이오.
하 명 삼 모

太公曰,
태 공 왈

倉庫漏濫不蓋하여 鼠雀亂食이 爲一耗요
창 고 누 람 불 개 서 작 난 식 위 일 모

收種失時 爲二耗요 抛撒米穀穢賤이 爲
수 종 실 시 위 이 모 포 살 미 곡 예 천 위

三耗니이다.
삼 모

무왕(武王)이 또 물었다.

"집에 열 가지 도둑이 없는 데도 부유하지 못하는 것은 왜 그렇습니까?"

태공이 대답하였다.

"그런 사람의 집에는 반드시 재물을 손실하는 (삼모) 세 가지가 있을 것입니다."

무왕이 다시 물었다.

"세 가지 손실하는 삼모란 무엇입니까?"

태공이 대답하였다.

"창고가 뚫려 있는 데도 지붕을 덮지 않아서 쥐나 새들이 마냥 까먹도록 내버려두는 것이 첫 번째의 소모인 것이요, 밭에 씨를 제때에 뿌리지 않았거나 제때에 거두어들이지 못하는 것이 두 번째의 소모인 것이요, 곡식을 땅에 흘려 더럽히고 천하게 다루는 것이 세 번째의 소모입니다."

---

耗 줄(손실) 모, 漏 샐 루, 濫 퍼질 람, 蓋 덮을 개, 鼠 쥐 서, 雀 참새 작, 亂 어지러울 난, 抛 던질 포, 撒 뿌릴 살, 穀 곡식 곡, 穢 더러울 예.

## 14

武王이 曰,

家無三耗而不富者는 何如이오.

太公曰,

人家에 必有一錯 二誤 三癡 四失 五逆 六不祥 七奴 八賤 九愚 十强하여 自招其禍요 非天降殃이니이다.

무왕(武王)이 물었다.

"집안에 삼모도 없는 데도 부자가 못 되는 것은 왜 그렇습니까?"

태공이 대답하였다.

"그런 사람의 집에는 반드시 열 가지 나쁜 것이 있어서 그러한 것이오니, 그것은 첫째 일을 잘못한 것이고, 둘째 일을 그르친 것이고, 셋째 바보스러운 것이고, 넷째 매사에 실수하는 것이고, 다섯째 인륜을 거역하는 것이고, 여섯째 상서롭지 못한 일이며, 일곱째 종(奴)의 행세를 하는 것이며, 여덟째 천한 일을 하는 것이고, 아홉째 아둔한 것이고, 열째 지나치게 강해서 스스로 그 화를 부르는 것이요, 하늘이 재앙을 내리는 것은 아닙니다."

錯 그르칠(잘못) 착, 誤 그릇할 오, 癡 어리석을 치, 逆 거스를 역, 祥 상서로울 상, 奴 종 노, 賤 천할 천, 愚 어리석을 우, 招 부를 초, 殃 재앙 앙.

## 15

武王이 曰,
무왕    왈,

願悉聞之하노이다. 太公이 曰, 養男不教訓
원실문지           태공   왈, 양남불교훈

이 爲一錯이요 嬰孩不訓이 爲二誤요 初迎
위일착     영해불훈   위이오   초영

新婦不行嚴訓이 爲三癡요 未語先笑 爲
신부불행엄훈   위삼치   미어선소 위

四失이요 不養父母 爲五逆이요 夜起赤身
사실     불양부모 위오역     야기적신

이 爲六不祥이요 好挽他弓이 爲七奴요 愛
위육불상       호만타궁   위칠노   애

騎他馬 爲八賤이요 喫他酒勸他人이 爲
기타마 위팔천     끽타주권타인     위

九愚요 喫他飯命朋友 爲十强이니다. 武
구우   끽타반명붕우 위십강         무

王이 曰, 甚美誠哉라 是言也여.
왕   왈, 심미성재   시언야

무왕(武王)이 말하였다.
"그 내용을 자세히 듣기를 원합니다."
태공이 말하였다.

"아들을 낳아 기르기만 하고 가르치지 않는 것이 첫 번째의 잘못이요, 어린 아이 때부터 타이르지 않는 것이 두 번째로 일을 그르친 것이요, 처음 아내를 맞이하여 엄하게 가르치지 않는 것이 세 번째의 어리석은 것이요, 남이 말하기 전에 먼저 웃는 것이 네 번째의 실수요, 자기 부모를 공양하지 않는 것이 다섯 번째의 인륜을 거스르는 일이요, 밤중에 알몸으로 밖에 나가는 것이 여섯 번째 상서롭지 못한 것이요, 다른 사람의 활을 빌려서 당기기를 좋아하는 것이 일곱 번째 종의 행세를 하는 것이요, 남의 말을 빌려 타기를 좋아하는 것이 여덟 번째 천한 일이요, 남의 술을 얻어먹으면서 그 술을 다른 사람에게 권하는 것이 아홉 번째의 어리석은 것이요, 남의 밥을 빌어먹으면서 친구에게 주는 것이 열 번째의 뻔뻔스러움인 것입니다."

이를 듣고 무왕(武王)이 말하였다.

"참으로 훌륭하고 진실된 옳은 말이오!"

▷ 은(殷)나라 말기 주왕(紂王)은 폭정이 심하여 백성이 살 수 없을 정도였다. 강태공(姜太公)은 위수(渭水)에서 낚시를 하며 좋은 세상을 기다리고 있었다. 그러다가 문왕(文王)이라는 현군을 만나 선정을 베풀었다. 문왕의 아들 무왕(武王)은 태공을 스승으로 모셔 선정을 베풀고 민심을 얻어 주(周)나라를 세워 천자가 되었다.

悉 다 실, 訓 가르칠 훈, 嬰 갓난아이 영, 孩 어린아이 해, 嚴 엄할 엄, 赤 붉을 적, 挽 당길 만, 喫 마실 끽, 勸 권할 권, 誠 정성 성.

## 치정편(治政篇)
나라를 다스리는 글

1

**明道先生**이 **曰**,
명도선생    왈,

**一命之士**가 **苟有存心於愛物**이면 **於人**에
일명지사    구유존심어애물      어인

**必有所濟**니라.
필유소제

명도 선생이 말하였다.
처음으로 벼슬한 사람도 진실로 자기의 맡은 직책을 사랑하는데 마음을 지닌다면 자기가 사람에게 반드시 구제하는 바가 있을 것이니라.

> 명도 선생(明道先生) : 정호(程顥). 호는 명도(明道). 북송(北宋)의 대유학자(大儒學者)로 주돈이(周敦頤)의 문인(門人)이며 성리학(性理學)을 크게 발전시켰음. 우주(宇宙)의 본성과 사람의 성이 본래 동일한 것이라고 하였다. 도학(道學)에 밝다하여 사람들로부터 명도 선생(明道先生)으로 일컬었으며, 또 그의 아우 정이(程頤)와 함께 이정자(二程子)로 불렸다.

命 명령 명, 士 선비 사, 苟 진실로 구, 存 있을 존, 濟 건널 제.

2

**唐太宗御製**에 **云**,

**上有麾之**하고 **中有乘之**하고 **下有附之**하여 **幣帛衣之**요 **倉廩食之**하니 **爾俸爾祿**이 **民膏民脂**니라 **下民**은 **易虐**이어니와 **上蒼**은 **難欺**니라.

당(唐)나라 태종(太宗)의 「어제(御製)」에서 말하였다.
위에는 지시하는 사람이 있고, 중간에는 그 지시를 받아 다스리는 사람이 있고, 그 아래에는 이에 따르는 사람이 있다. 예물로써 옷을 만들어 입고, 창고에 쌓인 곡식으로 밥을 해 먹으니, 너희들이 받는 봉록이 모두 백성들에게서 짜낸 기름이니라. 관리들은 아래에 있는 백성들을 학대하기는 쉽지만 위에 있는 하늘은 속이기 어려우니라.

> 당태종(唐太宗) : 당(唐)나라 제2대 임금으로 아버지 이연(李淵)을 도와서 수나라를 멸하고 당나라를 세웠음.

麾 대장기 휘, 幣 비단 폐, 廩 곳집 름, 俸 녹 봉, 祿 복록 록, 膏 살찔 고, 脂 기름 지, 虐 사나울 학, 蒼 푸를 창, 欺 속일 기.

3

童蒙訓에 曰,
동 몽 훈    왈,

當官之法이 唯有三事하니
당 관 지 법    유 유 삼 사

曰淸曰愼曰勤이라
왈 청 왈 신 왈 근

知此三者면 知所以持身矣니라.
지 차 삼 자    지 소 이 지 신 의

「동몽훈」에서 말하였다.
　벼슬아치로서 마땅히 지켜야 할 법이 오직 세 가지가 있으니, 맑은 마음과 신중하고 근면함이다. 이 세 가지를 알면 처신할 바를 알 것이니라.

▶ 동몽훈(童蒙訓) : 송(宋)나라 때 여본중(呂本中)이 어린 아이들을 가르치기 위해 지은 책임.

蒙 어릴 몽, 訓 가르칠 훈, 法 법 법, 唯 오직 유, 愼 삼갈 신, 勤 부지런할 근, 持 가질 지.

## 4

**當官者**는 **必以暴怒爲戒**하여 **事有不可**어든 **當詳處之**면 **必無不中**이어니와 **若先暴怒**면 **只能自害**라 **豈能害人**이리오.

 벼슬아치는 반드시 지나치게 성내는 것을 경계하여, 옳지 않은 일이 있거든 마땅히 자세하게 처리하면, 반드시 맞지 않음이 없을 것이며 만약 먼저 화를 내면 다만 자신을 해롭게 할 뿐이라. 그러므로 어찌 다른 사람을 해롭게 할 수 있으리오.

---

暴 사나울 폭, 怒 성낼 노, 詳 자세할 상, 處 처리할 처, 豈 어찌 기.

事君을 如事親하고 事官長을 如事兄하고 如同僚를 如家人하고 待群吏를 如奴僕하고 愛百姓을 如妻子하고 處官事를 如家事 然後에야 能盡吾之心이니 如有毫末不至면 皆吾心에 有所未盡也니라.

임금 받들어 모시기를 어버이 섬기듯이 하고, 웃사람 섬기기를 형님 모시듯이 하고, 동료들과 사귀기를 가족끼리 지내듯이 하고, 낮은 벼슬아치 대하기를 자기 집 종과 같이 하고, 백성 사랑하기를 처자(妻子)를 사랑하듯 하고, 나랏일 처리하기를 자기 집 일 처리하듯 한 뒤에야 능히 내 마음을 다한 것이니, 만일 털끝만큼이라도 다하지 못함이 있으면 이것은 모두가 내 마음에 다하지 못한 바가 있는 것이니라.

僚 동료 료, 群 무리 군, 僕 종 복, 盡 다할 진, 毫 가는 털 호.

## 6

或이 問,
簿는 佐令者也니 簿所欲爲를 令或不從이면 奈何이오 伊川先生이 曰 當以誠意動之니라 今令與簿不和는 便是爭私意요 令은 是邑之長이니 若能以事父兄之道로 事之하여 過則歸己하고 善則唯恐不歸於令하여 積此誠意면 豈有不動得人이리오.

어떤 사람이 물었다.

"부(簿, 주부)는 수령(현령)을 보좌하는 사람이니, 주부가 하고자 하는 바를 수령이 혹시 따르지 않는다면 어떻게 합니까?"

이천 선생(伊川先生)이 대답하였다.

"그것은 마땅히 정성된 마음으로써 움직여야 할 것이니라. 지금 이 수령과 주부가 화목하지 않은 것은 곧 사사로운 생각으로 다투는 것이다. 수령은 고을의 장관이니, 만일 아버지와 형을 섬기는 도리로 섬겨서 잘못이 있으면 자기에게로 돌리고, 잘한 일이 있다면 수령에게로 돌아가지 않을 것을 염려하여, 걱정을 하는 그런 정성스런 마음을 쌓는다면, 어찌 사람을 움직이지 못하겠는가?"

> 이천 선생(伊川先生) : 이름은 정이(程頤)로 명도선생 정호(程顥)의 아우이며 북송(北宋)의 대유학자임. 성리학(性理學)을 일으키는 데 공이 컸다. 부(簿) : 주부(主簿)로 관청의 장(長)을 보좌하는 직위(職位).

簿 장부(주부) 부. 佐 도울 좌. 奈 어찌 내. 積 쌓을 적. 誠 정성 성.

7

劉安禮問 臨民한대 明道先生이 曰
유안례문 임민   명도선생 왈,

使民으로 各得輸其情이니라 問御吏한대 曰
사민    각득수기정      문어리    왈

正己以格物이니라.
정기이격물

 유안례가 백성을 대하는 도리를 묻자, 명도 선생이 말하였다.
 "백성으로 하여금 각각의 뜻을 모두 다 말할 수 있게 할지니라."
 또 벼슬아치를 다스리는 도리를 묻자,
 "자신을 바르게 함으로써 일의 이치를 깨닫게 할지니라."
하였다.

 ▶ 유안례(劉安禮) : 자는 원소(元素)로 북송(北宋) 때 사람임.

臨 임할 림, 輸 나를 수, 情 뜻 정, 御 어거할 어, 格 이를 격, 物 사물 물.

## 8

**抱朴子**에 曰,

**迎斧鉞而正諫**하며 **據鼎鑊而盡言**이면 **此謂忠臣也**니라.

「포박자(抱朴子)」에서 말하였다.
 도끼로 맞는 형벌을 당하여 죽는다 하더라도 바르게 아뢰고, 기름 가마솥에 넣어서 삶아 죽는 한이 있더라도 옳은 말을 다한다면 이는 충신이라 할 것이니라.

> 포박자(抱朴子) : 진(晉)나라 사람으로 갈홍(葛洪)의 호(號)다. 신선술(神仙術)을 닦았으며 정치에도 참여했음. 저서(著書)도 그의 호를 따서 「포박자(抱朴子)」라 하였다. 내외(內外) 두 편으로 내편에서는 신선술을 논하고, 외편에서는 시정(時政)의 득실(得失)과 인사(人事)의 좋고 나쁨을 논하였음.

斧 도끼 부. 鉞 도끼 월. 鼎 솥 정. 鑊 가마 확.

## 치가편(治家篇)
### 집안을 다스리는 글

1

司馬溫公이 曰,
凡諸卑幼는 事無大小이 毋得專行하고 必咨稟於家長이니라.

사마온공이 말하였다.
　모든 손아랫사람들은 일의 크고 작음을 가릴 것 없이 제 마음대로 행동하지 말고 반드시 집안 웃어른께 여쭈어 보고 해야 하느니라.

卑 낮을 비, 毋 말 무, 專 오로지 전, 咨 물을 자, 稟 줄 품.

## 2

待客에 不得不豊이요 治家엔 不得不儉이
대객  부득불풍      치가   부득불검
니라.

  손님을 대접함에는 풍족하게 하고, 집안 살림살이는 검소하게 하지 않을 수 없느니라.

## 3

太公이 曰,
태공   왈

癡人은 畏婦하고 賢女는 敬夫니라.
치인   외부     현녀   경부

  태공이 말하였다.
  어리석은 사내는 아내를 두려워하고, 어진 아내는 그의 남편을 공경하느니라.

---

癡 어리석을 치. 畏 두려워할 외. 賢 어질 현. 敬 공경할 경.

### 4

**凡使奴僕**에 **先念飢寒**이니라.
범 사 노 복    선 념 기 한

 무릇 하인을 부리는 데는 먼저 그들의 춥고 배고픔을 염려할지니라.

### 5

**子孝**면 **雙親樂**이요 **家和**면 **萬事成**이니라.
자 효    쌍 친 락    가 화    만 사 성

 자식이 효도하면 어버이는 즐거울 것이고, 집안이 화목하면 온갖 일이 뜻대로 되느니라.

---

凡 무릇 범. 奴 종 노. 僕 종 복. 飢 주릴 기.
孝 효도 효. 雙 쌍 쌍. 親 친할 친.

## 6

**時時防火發**하고 **夜夜備賊來**니라.
시시방화발    야야비적래

항상 불이 나는 것을 예방하고 밤마다 도둑이 드는 것을 방비할지니라.

## 7

**景行錄**에 **云**,
경행록    운

**觀朝夕之早晏**하여 **可以卜人家之興替**니라.
관조석지조안    가이복인가지흥체

「경행록」에서 말하였다.
아침과 저녁의 이르고 늦음을 보아 가히 그 사람의 집안이 흥하는지 망하는지를 점칠 수 있느니라.

---

防 막을 방, 發 발생할 발, 備 갖출 비, 賊 도둑 적.
觀 볼 관, 晏 늦을 안, 卜 점 복, 興 일 흥, 替 쇠퇴할 체.

## 8

**文仲子**이 **曰**,
문 중 자 왈

**婚娶而論財**는 **夷虜之道也**니라.
혼 취 이 론 재     이 로 지 도 야

문중자가 말하였다.
결혼함에 있어서 재물을 따지는 것은 오랑캐나 하는 일이니라.

> 문중자(文仲子) : 이름은 왕도(王道). 수(隋)나라 때 학자. 이세민(李世民)을 도와 당(唐)나라를 일으켰는데 어진 재상으로 이름 높은 방현령(房玄齡), 두여회(杜如晦), 위징(魏徵) 등이 다 그의 문인(門人)들이다. 문중자(文仲子)란 그가 죽은 후 문인들이 부른 호임.

---

婚 혼인할 혼. 娶 장가들 취. 夷 오랑캐 이. 虜 오랑캐(사로잡을) 로.

# 안의편(安義篇)

의리를 편안히 하는 글

1

顏氏家訓에 曰,

夫有人民而後에 有夫婦하고 有夫婦而後에 有父子하고 有父子而後에 有兄弟하니 一家之親은 此三者而已矣라 自茲以往으로 至于九族이 皆本於三親焉이라 故로 於人倫에 爲重也니 不可不篤이니라.

「안씨가훈」에서 말하였다.

사람이 있은 후에야 부부가 있고, 부부가 있은 후에야 부자가 있고, 부자가 있은 후에야 형제가 있는 법이니, 한 집안의 친함은 이 세 가지뿐이다. 여기에서부터 나아가 구족(九族)에 이르기까지는 모두가 다 이 삼친(三親, 부부, 부자, 형제)에 근본을 두고 있으므로 이것을 인륜(人倫)에 있어서 가장 중요하게 여기고 돈독하게 할지니라.

> 안씨가훈(顏氏家訓) : 북제(北齊) 안지추(顏之推)가 지었음. 구족(九族) : 고조(高祖)부터 증조·조부·부(父)·자기·아들·손자·증손(曾孫)·현손(玄孫)까지의 직계친(直系親)을 중심으로 하여, 형제·종형제(從兄弟)·재종형제(再從兄弟)·삼종형제(三從兄弟)를 포함하는 동종친족(同宗親族)을 일컬음.

自 ~로부터 자, 玆 이 자, 族 겨레 족, 倫 인륜 륜, 篤 도타울 독.

## 2

莊子曰,
장자왈,

兄弟는 爲手足하고 夫婦는 爲衣服이니 衣
형제   위수족      부부    위의복      의

服破時엔 更得新이어니와 手足斷處엔 難
복파시   갱득신           수족단처     난

可續이니라.
가속

장자가 말하였다.

형제는 손발과 같다고 할 수 있고 부부는 의복과 같다고 할 수 있으니, 의복이 떨어졌을 때에는 다시 새것으로 갈아입을 수 있으나 손발이 잘리면 다시 잇기가 어려우니라.

---

破 깨질 파, 更 다시 갱(바꿀 경), 斷 끊을 단, 處 장소 처, 續 이을 속.

3

蘇東坡云,
소 동 파 운

富不親兮貧不疎는　此是人間大丈夫요
부 불 친 혜 빈 불 소　　차 시 인 간 대 장 부

富則進兮貧則退는　此是人間眞小輩니
부 즉 진 혜 빈 즉 퇴　　차 시 인 간 진 소 배
라.

소동파가 말하였다.
 부유하다고 하여도 친하지 않고, 가난하다고 하여 멀리하지 않는 것은 대장부다운 일이요, 부유하다고 해서 가깝게 지내고, 가난하다고 하여 멀리 하는 것은 참으로 졸장부의 짓이니라.

兮 어조사 혜, 貧 가난할 빈, 眞 참 진, 輩 무리 배.

# 준례편(遵禮篇)

하늘의 도리를 따르는 글

### 1

子曰,
자 왈,

居家有禮故로 長幼辨하고 閨門有禮故로
거가유례고    장유변     규문유례고

三族和하고 朝廷有禮故로 官爵序하고 田
삼족화    조정유례고    관작서     전

獵有禮故로 戎事閑하고 軍旅有禮故로 武
렵유례고   융사한    군려유례고    무

功成이니라.
공성

공자가 말씀하셨다.

집안에 예의가 있어야 어른과 아이의 구별이 있고, 안방에 예의가 있으므로 삼족(三族)이 화목하고, 조정에 예의가 있으므로 벼슬의 차례가 있고, 사냥에도 예의가 있으므로 군사 훈련이 숙달되고, 군대에도 예의가 있어야 무공이 이루어지느니라.

遵 좇을 준, 辨 분별할 변, 閨 안방 규, 爵 벼슬 작, 獵 사냥 렵,
戎 병기 융, 旅 군대 려.

## 2

子曰,

君子有勇 而無禮면 爲亂하고 小人有勇 而無禮면 爲盜니라.

공자가 말씀하셨다.

군자에게 용맹만 있고 예의가 없으면 세상을 어지럽게 하고, 소인에게 용맹만 있고 예의가 없다면 도적질을 하느니라.

> 군자(君子) : 학문과 인덕(仁德)을 겸비한 선비.
> 소인(小人) : 자기 한 몸만 잘 살려는 이기적인 사람.

勇 날쌜 용. 爲 할 위. 亂 어지러울 란. 盜 훔칠 도.

## 3

曾子曰,
증자 왈

朝廷엔 莫如爵이요 鄕黨엔 莫如齒요 輔世
조 정   막 여 작      향 당   막 여 치   보 세

長民엔 莫如德이니라.
장 민   막 여 덕

증자가 말하였다.

조정에는 벼슬보다 더 좋은 것이 없고, 향리에는 나이가 많은 사람보다 더 나은 것이 없으며 나랏일을 잘하고 백성을 잘 다스리는 데는 덕(德)보다 나은 것이 없느니라.

> 증자(曾子) : 증삼(曾參)을 높여 부르는 말. 공자의 제자로 효도를 역설하였음. 안자(顔子, 顔回)와 자사(子思) 및 맹자와 더불어 사성(四聖)으로 불림.

廷 조정 정, 鄕 시골 향, 黨 무리 당, 齒 연치 치, 輔 도울 보.

**老少長幼**는 **天分秩序**이니 **不可悖理 而 傷道也**니라.

 늙은이와 젊은이, 어른과 아이는 하늘이 정한 차례이므로 사물의 올바른 이치를 어기고 도덕을 상하게 해서는 안 되느니라.

秩 차례 질. 序 차례 서. 悖 어그러질 패. 傷 상할 상.

5

**出門**에 **如見大賓**하고 **入室**에 **如有人**이니라.
출 문      여 견 대 빈         입 실      여 유 인

  문 밖에 나섰을 때에는 큰 손님을 만나는 듯이 신중하게 하고, 방안에 들어설 때에는 다른 사람이 있는 것처럼 조심해야 하느니라.

如 같을 여, 賓 손 빈, 室 집 실.

## 6

**若要人重我**면 **無過我重人**이니라.
약 요 인 중 아　　무 과 아 중 인

　만일 다른 사람이 나를 소중히 여기기를 바란다면, 내가 먼저 그를 소중히 여겨야 하느니라.

## 7

**父不言子之德**하며 **子不談父之過**니라.
부 불 언 자 지 덕　　자 부 담 부 지 과

　아버지는 그 아들의 덕(德)을 말하지 말며, 그 아들은 그 아버지의 허물을 말하지 말지니라.

---

若 만약 약, 要 구할 요, 重 무거울 중, 我 나 아, 過 지날 과.
德 덕 덕, 談 말할 담, 過 허물 과.

# 언어편(言語篇)
## 말을 신중히 하라는 글

1

劉會가 曰,
유 회    왈

言不中理면 不如不言이니라.
언 부 중 리    불 여 불 언

유회가 말하였다.
말이 이치에 맞지 않으면 말하지 않음만 못하니라.

▶ 유회(劉會) : 미상(未詳).

中 맞을 중. 理 이치 리.

## 2

**一言不中**이면 **千語無用**이니라.
일 언 부 중　　천 어 무 용

  한마디 말이 이치에 맞지 않으면, 천 마디의 긴 말이라도 쓰일 데가 없느니라.

## 3

**君平**이 **曰**,
군 평　　왈,

**口舌者**는 **禍患之門**이요 **滅身之斧也**니라.
구 설 자　　화 환 지 문　　　　멸 신 지 부 야

군평이 말하였다.
  입과 혀는 재화와 근심을 불러들이는 문이요, 자신의 몸을 망치게 하는 도끼이니라.

▶ 군평(君平) : 엄군평(嚴君平). 전한(前漢) 무제(武帝) 때 사람임.

---

言 말(언어) 언. 語 말씀(말, 이야기) 어.
舌 혀 설. 禍 재화 화. 患 근심 환. 滅 멸망할 멸. 斧 도끼 부.

4

**利人之言**은 **煖如綿絮**하고 **傷人之語**는 **利如荊棘**하여 **一言利人**에 **重値千金**이요 **一語傷人**에 **痛如刀割**이니라.

사람을 이롭게 하는 말은 그 따뜻함이 솜털과 같고, 사람을 해롭게 하는 말은 그 날카롭기가 가시나무와 같아서 한마디 말이 사람을 이롭게 할 때에 중하기가 천금의 값어치요, 한마디 말이 사람을 해롭게 할 때에 아프기가 칼로 베는 것과 같으니라.

▶ 일언이인(一言利人)이 일언반구(一言半句)로 되어 있는 것도 있다.

煖 따뜻할 난. 綿 솜 면. 絮 솜 서. 傷 다칠(상처) 상. 利 날카로울(이로울) 리. 荊 가시나무 형. 棘 가시 극. 値 값 치. 痛 아플 통. 割 벨 할.

## 5

**口是傷人斧**요 **言是割舌刀**니
구 시 상 인 부　　언 시 할 설 도

**閉口深藏舌**이면 **安身處處牢**니라.
폐 구 심 장 설　　　안 신 처 처 뢰

입은 사람을 다치게 하는 도끼요,
말은 혀를 베는 칼과 같으므로,
입을 다물고 혀를 깊이 감추어 두면
몸이 편안하고 어디서나 견고하느니라.

傷 상처 상. 斧 도끼 부. 藏 감출 장. 牢 우리(견고할) 뢰.

## 6

逢人에　且說三分話하고　未可全抛一片心이니

不怕虎生三個口요　只恐人情兩樣心이니라.

　사람을 만나거든 공손하게 말하되 셋으로 나누어 하고, 한마디라도 마음속에 있는 것을 다 말하지 말라. 호랑이가 세 번 입을 벌리는 것이 두렵지 않고, 다만 세상 사람의 두 마음이 두려우니라.

逢 만날 봉, 抛 던질 포, 怕 두려워할 파, 虎 호랑이 호, 個 낱 개,
只 다만 지, 恐 두려워할 공, 樣 모양 양.

7

## 酒逢知己千鍾少요 話不投機一句多니
주 봉 지 기 천 종 소      화 불 투 기 일 구 다

라.

 술은 나를 알아주는(뜻이 맞는) 친구를 만나 마시면 천 잔을 마셔도 부족하지만, 말은 그 뜻이 맞지 않으면 한마디도 많으니라.

---

酒 술 주, 逢 만날 봉, 鍾 종(술잔) 종, 投 합칠 투, 機 틀(기회) 기.

## 교우편(交友篇)

벗 사귐에 대한 글

1

子曰,
자왈,

與善人居면 如入芝蘭之室하여 久而不
여선인거   여입지란지실   구이불

聞其香이나 卽與之化矣요 與不善人居면
문기향    즉여지화의   여불선인거

如入鮑魚之肆하여 久而不聞其臭나 亦
여입포어지사   구이불문기취   역

與之化矣니 丹之所藏者는 赤하고 漆之所
여지화의   단지소장자 적    칠지소

藏者는 黑이라 是以로 君子는 必愼其所與
장자 흑     시이  군자   필신기소여

處者焉이니라.
처자언

공자가 말씀하셨다.

착한 사람과 함께 있으면 마치 향기로운 (지초나 난초가 있는) 방에 있는 것과 같아서, 오래되면 그 향기와 더불어 하나가 되고, 착하지 않은 사람과 함께 있으면 마치 비린내 나는 생선 가게에 들어간 것 같아서, 오래되면 그 냄새와 더불어 동화되나니, 붉은 것을 지니고 있는 사람은 붉어지고, 검은 옷을 지니고 있는 사람은 검어지느니라. 그러므로 군자는 반드시 자신과 함께 있는 사람을 신중히 가려해야 하느니라.

與 함께 여, 居 살 거, 芝 지초 지, 蘭 난초 란, 久 오랠 구, 鮑 어물 포, 肆 가게 사, 臭 냄새 취, 丹 붉을 단, 藏 간직할 장, 黑 검을 흑, 愼 삼갈(신중할) 신.

## 2

家語에 云,
가어   운,

與好學人同行이면 如霧露中行하여 雖不
여호학인동행      여무로중행       수불

濕衣라도 時時有潤하고 與無識人同行이
습의     시시유윤      여무식인동행

면 如廁中坐하여 雖不汚衣라도 時時聞臭
   여측중좌     수불오의     시시문취

니라.

「공자가어」에서 말하였다.

글을 좋아하는 사람과 같이 가면, 마치 안개 속을 가는 것과 같아서 비록 옷은 젖지 않더라도 윤택함이 스며들고, 무식한 사람과 함께 가면 마치 뒷간에 앉아 있는 것 같아서 비록 옷은 더럽혀지지 않더라도 그 냄새가 풍겨나느니라.

霧 안개 무, 露 이슬 로, 濕 젖을 습, 潤 젖을(윤택할) 윤, 識 알 식, 廁 뒷간 측, 汚 더러울 오, 臭 냄새 취.

## 3

子曰,
자 왈,

晏平仲은 善與人交로다 久而敬之온여.
안 평 중  선 여 인 교   구 이 경 지

공자가 말씀하셨다.
 안평중은 사람들과 사귀기를 훌륭히 잘하도다. 한 번 사귀면 오래도록 상대를 공경하는구나.

> 안평중(晏平仲) : 이름은 영(嬰)으로 춘추시대 제나라의 재상. 경공(景公)을 도와 제나라를 번영시켰음. 평중(平仲)은 그의 자(字)임.

## 4

相識이 滿天下하되 知心이 能幾人가.
상 식   만 천 하    지 심   능 기 인

 얼굴을 서로 아는 사람은 천하에 가득하되, 마음속을 서로 아는 사람은 과연 몇 사람이나 되는가?

---

交 사귈 교. 敬 공경할 경.
相 서로 상. 識 알 식. 滿 찰 만. 能 능히 능. 幾 얼마 기.

교우편(交友篇)

## 5

**酒食兄弟**는 **千個有**로되 **急難之朋**은 **一個無**니라.
주식형제  천개유  급난지붕  일개  무

  술과 음식을 함께 먹을 형제간 같은 친구는 천 명이로되, 매우 위급하고 어려운 때의 친구는 한 명도 없느니라.

## 6

**不結子花**는 **休要種**이요 **無義之朋**은 **不可交**니라.
불결자화  휴요종  무의지붕  불가  교

  열매를 맺지 않는 꽃은 심지 말고, 의리 없는 친구는 사귀지 말지니라.

---

酒 술 주, 食 밥 식, 急 급할 급, 難 어려울 난, 朋 벗 붕.
結 맺을 결, 子 열매(씨) 자, 種 심을 종, 義 옳을 의.

## 7

**君子之交**는 **淡如水**하고 **小人之交**는 **甘若醴**니라.
군자지교  담여수    소인지교   감약 례

　군자의 사귐은 그 맑기가 물과도 같고, 소인의 사귐은 그 달콤하기가 단술과 같으니라.


## 8

**路遙知馬力**이요 **日久見人心**이니라.
노요지마력      일구견인심

　길이 멀어야 말의 힘을 알게 될 것이요, 세월이 오래 지나야 사람의 마음을 보느니라.

---

淡 담박할(담담할) 담, 如 같을 여, 甘 달 감, 醴 단술 례.
路 길 로, 遙 멀 요, 久 오랠 구.

## 부행편(婦行篇)
### 부녀자가 지켜야 할 글

1

益智書에 云,

女有四德之譽하니 一曰婦德이요 二曰婦容이요 三曰婦言이요 四曰婦工也니라.

「익지서(益智書)」에서 말하였다.
　여자에게는 네 가지 아름다운 덕(德)이 있으니, 첫째는 부덕, 즉 부인다운 덕행(德行)이요, 둘째는 부인다운 얌전한 용모요, 셋째는 부인다운 얌전한 말씨요, 넷째는 부인다운 좋은 솜씨이니라.

> 부덕(婦德) : 부녀자의 아름다운 덕. 부용(婦容) : 부녀자의 용모.
> 부언(婦言) : 부녀자의 말씨. 부공(婦工) : 부녀자의 솜씨.

益 더할 익, 德 큰(덕행) 덕, 譽 기릴(명예) 예, 婦 여자(며느리) 부,
容 얼굴 용, 工 일(장인) 공.

## 2

婦德者는 不必才名絶異요
부덕자   불필재명절이

婦容者는 不必顔色美麗요
부용자   불필안색미려

婦言者는 不必辯口利詞요
부언자   불필변구이사

婦工者는 不必技巧過人也니라.
부공자   불필기교과인야

　부인의 아름다운 덕[婦德]이라는 것은 반드시 재주와 이름이 뛰어남이 아니요, 부인의 용모는 반드시 얼굴이 아름답고 고운 것을 말하는 것이 아니요, 부인의 얌전한 말씨란 반드시 입담이 좋아 말을 잘하는 것이 아니요, 부인의 좋은 솜씨란 반드시 손재주가 남보다 뛰어남을 말하는 것이 아니니라.

才 재주 재, 麗 고울 려, 辯 말잘할 변, 詞 말씀 사.

其婦德者는 淸貞廉節하여 守分整齊하고
行止有恥하며 動靜有法이니 此爲婦德也요

婦容者는 洗浣塵垢하여 衣服鮮潔하며 沐浴及時하여 一身無穢니 此爲婦容也요

婦言者는 擇師而說하여 不談非禮하고 時然後言하여 人不厭其言이니 此爲婦言也요

婦工者는 專勤紡績하고 勿好葷酒하며 供具甘旨하여 以奉賓客이니 此爲婦工也니라

부인으로서의 아름다운 덕〔婦德〕이라 함은, 마음이 맑고 절개가 곧고 분수를 지키고 몸가짐을 바르게 하며, 행동거지에 조심이 있고 행실에 법도 있어야 하는 것이니, 이것이 바로 부덕(婦德)이다.

부인으로서의 얌전한 용모라는 것은 먼지와 때를 닦고 빨아 의복을 깨끗이 하며 목욕을 제때에 해서 몸에 더러운 것이 없게 하는 것이니, 이것이 바로 부용(婦容)이다.

부인으로서의 얌전한 말씨라 하는 것은, 말을 가려 예의에 벗어나는 말은 하지 말고, 때가 된 뒤에야 말하여 사람들이 그 말을 싫어하지 아니함이니, 이것이 바로 부언(婦言)이다.

부인으로서의 좋은 솜씨라 함은, 오로지 길쌈을 부지런히 하고 술 빚기를 좋아하지 않으며, 맛있는 음식을 장만하여 손님을 잘 접대하는 것이니, 이것이 바로 부공(婦工)이다.

---

貞 곧을 정, 廉 청렴할 렴, 節 마디 절, 整 가지런할 정, 齊 가지런할 제,
恥 부끄러워할 치, 靜 고요할 정, 浣 빨 완, 塵 티끌 진, 垢 때 구,
潔 깨끗할 결, 穢 더러울 예, 擇 가릴 택, 師 스승 사, 談 말씀 담,
禮 예도 례, 厭 싫을 염, 專 오로지 전, 勤 부지런할 근, 紡 자을 방,
績 길쌈 적, 葷 훈채 훈, 旨 맛있을 지, 奉 받들 봉, 賓 손 빈.

**此四德者**는 **是婦人之所不可缺者**라 **爲之甚易**하고 **務之在正**하니 **依此而行**이면 **是爲婦節**이니라.

위에서 말한 이 네 가지 덕(德)은 부녀자에게 빠져서는 안 될 것인데, 이것을 행하기가 매우 쉽고 힘씀이 바른 데 있으니, 이에 의거하여 행동한다면 이것이 바로 부녀자가 해야 할 일이니라.

---

缺 빌 결. 甚 심할 심. 易 쉬울 이(바꿀 역). 務 힘쓸 무. 依 의지할 의.

**4**

# 太公이 曰
태 공  왈,

# 婦人之禮는 語必細니라.
부 인 지 례   어 필 세

태공이 말하였다.
부인의 예절은 그 말소리가 반드시 조용하고 자세해야 하느니라.


**5**

# 賢婦는 令夫貴하고 佞婦는 令夫賤이니라.
현 부   영 부 귀    영 부   영 부 천

어진 부인은 남편을 귀하게 되게 하고, 간악한 부인은 남편을 천하게 하느니라.

語 말씀 어, 細 가늘(조용하다, 자세하다) 세.
賢 어질 현, 貴 귀할 귀, 佞 아첨할 영(녕), 賤 천할 천.

## 6

**家有賢妻**면 **夫不遭橫禍**니라.
가 유 현 처    부 부 조 횡 화

집안에 어진 아내가 있으면 그 남편은 뜻밖의 화를 당하지 않느니라.

## 7

**賢婦**는 **和六親**하고 **佞婦**는 **破六親**이니라.
현 부    와 육 친       영 부    파 육 친

어진 아내는 육친을 화목하게 하고, 간악한 아내는 육친의 화목을 깨뜨리느니라.

> 육친(六親) : 부모(父母)·형제(兄弟)·처자(妻子) 등의 육친 관계. 또는 친척을 널리 지칭하는 말.

---

賢 어질 현. 妻 아내 처. 遭 만날 조. 橫 가로 횡. 禍 재화 화.
和 화할 화. 親 친할 친. 佞 간악할(아첨할) 영. 破 깨뜨릴 파.

# 증보편(增補篇)

1

周易曰,
주역왈,

善不積이면 不足以成名이요 惡不積이면
선부적       부족이성명         악부적

不足以滅身이어늘 小人은 以小善으로 爲
부족이멸신         소인       이소선       위

无益而弗爲也하고 以小惡으로 爲无傷而
무익이불위야       이소악       위무상이

弗去也니라 故로 惡積而不可掩이요 罪大
불거야       고     악적이불가엄       죄대

而不可解니라.
이불가해

「주역」에서 말하였다.
  착한 일을 쌓지 않으면 이름을 내기에 부족할 것이며, 악한 일을 쌓지 않으면 몸을 망치기에 부족하니, 소인은 작은 선으

로써 이로움이 없다하여 행하지 않고, 작은 악으로써는 해가 없다 하여 악을 버리지 않느니라. 그러므로 악이 쌓이면 덮을 수 없고, 죄가 커져서 풀지 못하느니라.

> 불위(弗爲) : 작은 선을 행하지 않는다. 위무상(爲无傷) : 몸을 해치지 않는다고 생각하고, 불거(弗去) : 작은 악을 멀리하지 않는다.

積 쌓을 적, 滅 멸망할 멸, 身 몸 신, 无 없을 무, 益 더할 익, 傷 상할 상,
弗 아닐 불, 解 풀 해, 掩 가릴 엄.

## 2

履霜하면 堅氷至하나니 臣弑其君하며 子弑其父는 非一朝一夕之事라 其所由來者漸矣니라.

서리를 밟을 때가 되면 얼음이 어는 것과 같이, 신하가 그 임금을 죽이고 자식이 그 부모를 죽이는 것은 하루아침이나 하룻저녁에 이루어지는 것이 아니라, 오래 전부터 그 까닭이 있는 것이니라.

➡ 소유래(所由來) : 어떤 사건의 원인이 된다. 그 까닭이 있다.

履 밟을 리. 霜 서리 상. 堅 굳을 견. 氷 얼음 빙. 弑 죽일 시. 漸 점점 점.

## 팔반가(八反歌) － 桂宮錄

(여덟 편의 반어적인 노래)
부모에게 효도하는 글

1

幼兒는 或詈我하면 我心에 覺懽喜하고
유아   혹이아      아심    각환희

父母는 嗔怒我하면 我心에 反不甘이라
부모   진노아      아심    반불감

一喜懽一不甘하니 待兒待父心何懸고
일희환일불감      대아대부심하현

勸君今日逢親怒어든 也應將親作兒看하라.
권군금일봉친노     야응장친작아간

어린 자식이 혹시 나를 보고 꾸짖으면
내 마음은 기쁨을 깨닫고,
부모가 나에게 노여워 꾸짖고 화내면
내 마음은 달갑지 않게 여기니라.

한 쪽은 기쁘고 한 쪽은 달갑지 않으니,
아이를 대하는 것과 부모를 대하는 마음이
어찌 이다지도 거리가 먼가.
권하노니, 그대여 오늘 어버이의 노여워함을 보이시면 마땅
히 어버이에게 어린 자식 대하는 듯한 마음을 가져 보라.

> 일불감(一不甘) : 부모에 대해서는 언짢게 여김.
> 하현(何懸) : 어찌 이다지도 다르냐?

詈 꾸짖을 리, 懽 기쁠 환, 嗔 성낼 진, 懸 현격할(멀) 현, 勸 권할 권.

兒曹는 出千言하되 君聽常不厭하고 父母는 一開口하면 便道多閑管이라 非閑管親掛牽이니 皓首白頭에 多諳練이라 勸君敬奉老人言하고 莫敎乳口爭長短하라.

어린 아이들은 천 마디 많은 말을 하지만 항상 싫지 않고, 어버이가 입만 한 번 열어도 쓸데없이 참견이 많다고 말하느니라. 쓸데없이 일에 간여하는 것이 아니라 친히 어버이가 근심에서 하는 것이다. 어버이는 늙도록 쌓은 체험 끝에 하는 말이니, 아는 것이 많으니라. 그대에게 권하노니, 노인 말씀 공손히 받들고 그 가르침을 젖내 나는 어린 입으로 옳거니 그르거니 하지 말라.

聽 들을 청, 管 간섭할 관, 牽 끌 견, 皓 흴 호, 諳 욀 암, 練 익힐 련.

## 3

**幼兒尿糞穢**는 **君心**에 **無厭忌**로되
유 아 뇨 분 예   군 심   무 염 기

**老親涕唾零**에는 **反有憎嫌意**니라
노 친 체 타 령     반 유 증 혐 의

**六尺軀來何處**오
육 척 구 래 하 처

**父精母血成汝體**니라
부 정 모 혈 성 여 체

**勸君敬待老來人**하라
권 군 경 대 노 래 인

**壯時爲爾筋骨敝**니라
장 시 위 이 근 골 폐

　어린 아이의 오줌 똥이 왜 더럽지 않으랴만 그대 싫어하는 마음 없으되, 늙은 어버이의 눈물과 침이 떨어지는 것은 미워하고 꺼리는 마음이 있느니라.
　그대의 여섯 자 되는 몸은 어디서 왔으리오.
　바로 아버지 정(精)과 어머님 피가 그대의 몸이 되었느니라.

그대에게 권하노니, 늙어가는 부모를 공경하고 대접하라.
그들은 젊었을 때 그대를 위하여 살과 뼈가 닳도록 애쓰셨
느니라.

> 노분예(尿糞穢) : 오줌, 똥의 더러운 것. 부정(父精) : 아버지의 정기
> (精氣). 위이(爲爾) : 너를 위해서. 근골폐(筋骨敝) : 힘줄(살)과 뼈
> 가 닳다.

---

尿 오줌 뇨, 糞 똥 분, 穢 더러울 예, 忌 꺼릴 기, 涕 눈물 체, 唾 침 타,
零 떨어질 령, 嫌 싫어할 혐, 軀 몸 구, 筋 힘줄 근, 敝 해질 폐.

4

看君晨入市하여 買餠又買餻하니
간 군 신 입 시　　매 병 우 매 고

少聞供父母하고 多說供兒曹니라
소 문 공 부 모　　다 설 공 아 조

親未啖兒先飽하니 子心이 不比親心好니라
친 미 담 아 선 포　　자 심　불 비 친 심 호

勸君多出買餠錢하여 供養白頭光陰少하라
권 군 다 출 매 병 전　　공 양 백 두 광 음 소

  그대가 새벽에 가게에 가서 떡을 사는 것을 보긴 했으나 어버이에게 드린다는 말은 듣기 어렵고, 아이들에게 준다고 많은 말을 하느니라.
  어버이는 맛도 못 보았는데 아이들은 먼저 배부르니, 자식된 마음은 부모 마음이 좋아하는 것에 미치지 못하느니라.
  그대에게 권하노니, 떡살 돈을 많이 내어 흰머리에 살날이 얼마 남지 않은 어버이를 잘 받들어 공양하라.

晨 새벽 신. 餠 밀가루떡 병. 餻 떡 고. 啖 먹을 담. 飽 물릴 포.

팔반가(八反歌)

市間賣藥肆에 惟有肥兒丸하고 未有壯親者하니 何故兩般看고 兒亦病親亦病에 醫兒不比醫親症이라 割股라도 還是親的肉이니 勸君亟保雙親命하라.

  시중의 약장수에게는 오직 아이 살찌는 환약만 있고, 어버이 튼튼하게 하는 약은 없으니, 어찌 자식과 어버이의 병간호를 다르게 하는고. 아이의 병과 어버이의 병이 같건만 어버이 치료는 아이 치료에 비교할 수 없느니라. 제 다리 살을 베더라도 그것은 어버이의 육신이니, 그대여 서둘러 어버이의 목숨을 먼저 구하라.

---

**醫** 의원 의. **症** 증세 증. **割** 나눌 할. **股** 넓적다리 고. **亟** 빠를 극.

6

富貴엔 養親易하나 親常有未安하고
부귀    양친이    친상유미안

貧賤엔 養兒難하나 兒不受饑寒이라
빈천    양아난    아불수기한

一條心兩條路에 爲兒終不如爲父니라
일조심양조로    위아종불여위부

勸君養親如養兒하여
권군양친여양아

凡事莫推家不富하라.
범사막추가불부

 부유하고 귀함엔 어버이를 봉양하기 쉬우나 그래도 어버이는 항상 편안하지 않고, 가난하고 천하면 어린 아이 기르기 어려우나 어린 아이는 춥고 배고픔을 받지 않느니라. 한 가지 마음 두 가지 길에 어버이 위함이 끝내 어린 아이 위함만 못하니라.

 그대에게 권하노니, 어버이 모시기를 아이 기르듯이 하고 모든 것을 집이 넉넉하지 못한 가난 탓이라고 미루지 말라.

---

饑 주릴 기. 條 가지 조. 凡 무릇 범. 莫 말 막. 推 미룰(옮을) 추.

팔반가(八反歌) 259

## 7

養親에는 只二人이로되 常與兄弟爭하고 養兒에는 雖十人이나 君皆獨自任이니라

兒飽煖親 相問하되 父母饑寒不在心이니라

勸君養親을 須竭力하라 當初衣食이 被君侵이라.

어버이 봉양은 다만 두 분뿐이로되 항상 형과 아우는 서로 미루어 다투고, 자식 기르기는 열 명이라도 혼자 스스로 감당하느니라.

자식 배부르고 따뜻함은 친히 항상 묻되, 부모의 배고프고 추위는 마음에 있지 않느니라.

그대에게 권하노니, 어버이 섬기기를 모름지기 힘을 다하라. 그들은 애당초 옷과 먹을 것을 그대에게 빼앗겼느니라.

---

飽 물릴 포, 煖 따뜻할 난, 饑 주릴 기, 竭 다할 갈, 侵 침노할 침.

## 8

親有十分慈하되 君不念其恩하고
친 유 십 분 자　　　　군 불 념 기 은

兒有一分孝하면 君就揚其名이니라
아 유 일 분 효　　　　군 취 양 기 명

待親暗待兒明하니 誰識高堂養子心고
대 친 암 대 아 명　　　　수 식 고 당 양 자 심

勸君漫信兒曹孝하라 兒曹樣子在君身이
권 군 만 신 아 조 효　　　　아 조 양 자 재 군 신

니라.

　어버이의 사랑이 빈틈없이 가득 찼는데도, 그대는 그 은혜를 생각지 않고, 자식은 조그만[一分] 효도함이 있으면, 그대는 나서서 그 이름을 자랑하느니라. 어버이를 대접함은 어둡고 자식을 대접함은 밝으니, 누가 어버이의 자식 기르는 마음을 알리오.
　그대에게 권하노니, 자식들의 효도를 크게 믿지 말라. 자식들이 어버이를 자기 자식과 같이 사랑함은 바로 너에게 달렸느니라.

---

慈 사랑할 자. 恩 은혜 은. 揚 오를 양. 識 알 식. 漫 질펀할 만. 樣 본보기 양.

## 효행편 속(孝行篇 續)

부모님 섬김에 대한 글

1

孫順이 家貧하여 與其妻로 傭作人家以養
母할새 有兒每奪母食이라 順이 謂妻曰 兒
奪母食하니 兒는 可得이나 母難再求라 乃
負兒 往歸醉山北郊하여 欲埋掘地러니 忽
有甚奇石鐘이라 驚怪試撞之하니 舂容可
愛라 妻曰 得此奇物은 殆兒之福이라 埋之
不可라 하니 順이 以爲然하여 將兒與鐘還
家하여 懸於樑撞之러니 王이 聞鐘聲淸遠
異常하고 而覈聞其實하고 曰 昔에 郭巨埋

子<sub>엔</sub> 天賜金釜<sub>러니</sub> 今孫順埋子<sub>엔</sub> 地出石
자   천사금부        금손순매자        지출석

鐘<sub>하니</sub> 前後符同<sub>이라</sub> 賜家一區<sub>하고</sub> 歲給
종       전후부동         사가일구          세급

米五十石<sub>하니라</sub>.
미오십석

  손순은 집이 가난하여 그의 아내와 함께 다른 집에 고용살이를 하며 어머니를 봉양하였는데, 그들에게 어린 자식이 있어 항상 어머니 드릴 음식을 빼앗아 먹었다.

  손순이 아내에게 일러 말하길,

  "아이가 어머님 드실 음식을 먹는구려. 자식은 또 낳을 수 있으나 어머님은 다시 구하기 어렵소."라고 하였다.

  이에 아이를 등에 업고 귀취산 북쪽 교외로 가서 묻으려고 땅을 팠는데, 뜻밖에 아주 신기한 돌종이 나왔다. 그들은 깜짝 놀라 이상히 여기고 시험 삼아 그 돌종을 쳐보니, 그 소리가 멀리까지 퍼지며 아름답고 정다웠다.

  아내가 말하길,

  "이 같은 기이한 물건을 얻은 것은 모두가 다 아이의 복이니 그 애를 묻으면 안 됩니다."라고 하였다.

  손순도 그렇게 생각하고 아이와 함께 돌종을 들고 집으로 돌아와 대들보에 매달고 종을 울렸다.

왕은 멀리서 맑게 들려오는 종소리를 듣고 이상히 여겨 그 사실을 자세히 조사하여 알고 말씀하셨다.

"옛적에 곽거(郭巨)가 아들을 묻었을 적에는 하늘이 금으로 만든 가마솥을 주시더니, 이제 손순이 아들을 묻으려 하자 땅에서 돌종이 나왔으니 앞과 뒤가 다 일치하는구나."

하여 그들에게 집 한 채와 해마다 쌀 오십 석(石)을 내려주셨느니라.

> 손순(孫順) : 신라 사람으로 경주 손씨의 시조로 효성이 지극하여 돌종〔石鐘〕을 얻었음. 그 돌종이 신라 진흥왕(眞興王)의 3기(器)의 하나가 되었다. 곽거(郭巨) : 후한(後漢) 때 24효(孝)의 한 사람. 어머니 봉양을 위해 자식을 묻으려 하자 하늘이 금솥을 내려주었다.

傭 품팔이 용, 奪 빼앗을 탈, 醉 취할 취, 埋 묻을 매, 掘 팔 굴, 忽 홀연 홀, 怪 괴이할 괴, 撞 칠 당, 舂 종용할(절구) 용, 殆 자못 태, 將 받들 장, 懸 매달 현, 樑 들보 량, 覈 조사할 핵, 郭 성 곽, 賜 줄 사, 釜 가마솥 부, 符 들어맞을 부.

## 2

尙德은 値年荒癘疫하여 父母飢病濱死라
상덕　　치년황여역　　　　부모기병빈사

尙德이 日夜不解衣하고 盡誠安慰하되 無
상덕　　일야불해의　　　진성안위　　　무

以爲養이면 則刲髀肉食之하고 母發癰에
이위양　　　즉규비육사지　　　　모발옹

吮之卽瘉라 王이 嘉之하여 賜賚甚厚하고
연지즉유　왕　　가지　　　사뢰심후

命旌其門하고 立石紀事하니라.
명정기문　　　입석기사

　상덕은 흉년과 질병이 유행하는 때를 만나 그의 부모가 굶주려 거의 죽게 되자, 상덕이 밤낮으로 옷도 벗지 않고 정성을 다하여 편안히 위로하되, 봉양할 것이 없으면 자기의 넓적다리 살을 베어 올렸고, 어머니께서 종기가 나자 입으로 빨아서 낫게 해드렸다.
　임금이 이 말을 듣고 어여삐 여겨 재물을 후하게 내리고, 또 그 집에 표창하는 뜻으로, 문을 세우도록 하여 비석을 세워 이 일을 기념케 하였느니라.

▶ 상덕(尙德) : 신라 때의 효자.

値 만날 치. 荒 흉년들 황. 癘 창질 려. 疫 질병 역. 慰 위로할 위. 髀 다리 비. 癰 종기 옹. 吮 빨 연. 瘉 나을 유. 嘉 아름다울 가. 賚 줄 뢰. 旌 표할 정.

都氏家貧이나 至孝라 賣炭買肉하여 無闕
母饌이러라 一日은 於市에 晩而忙歸러니
鳶忽攫肉이어늘 都悲號至家하니 鳶旣投
肉於庭이러라 一日은 母病索非時之紅柿
어늘 都彷徨柿林하여 不覺日昏이러니 有虎
屢遮前路하고 以示乘意라 都乘至百餘
里山村하여 訪人家投宿이러니 俄而主人
이 饋祭飯而有紅柿라 都喜하여 問柿之來
歷하고 且述己意한대 答曰 亡父嗜柿라 故
로 每秋에 擇柿二百個하여 藏諸窟中하여
而至此五月이면 則完者不過七八이라가

今得五十個完者라 故로 心異之러니 是天
금득오십개완자   고   심이지     시천

感君孝라 하고 遺以二十顆어늘 都謝出門
감군효        유이이십과       도사출문

外하니 虎尙俟伏이라 乘至家하니 曉鷄喔
외     호상사복     승지가      효계악

喔이러라 後에 母以天命으로 終에 都有血
악       후   모이천명       종   도유혈

淚러라.
루

 도씨는 비록 집안은 가난하였으나 효성이 지극하였다. 숯을 팔아서 고기를 사다가 어머니의 반찬에 빠뜨리지 않았다. 하루는 시장에서 늦어 바삐 돌아오는데 솔개가 갑자기 고기를 채어가거늘 도씨가 슬피 울며 자기 집에 돌아와 보니, 솔개가 이미 고기를 집안 뜰에 던져 놓았더라.

 하루는 그 어머니가 병이 나자 때 지난 홍시를 찾았다. 도씨가 감나무 숲을 헤매다가 날이 저문 것도 모르고 있었는데, 그때에 호랑이가 나타나 여러 번 앞길을 가로막고 올라타라는 뜻을 보였다.

 도씨는 호랑이를 타고 백여 리나 되는 산 속에 다다르자 밤이 되어 사람 사는 집을 찾아 묵었는데, 주인이 제삿밥을 차려

주는데 보니 거기에 홍시가 있었다. 도씨는 심히 기뻐하며 홍시의 내력을 묻고 자기가 온 뜻을 말하였다.

그러자 주인이 대답하기를,

"돌아가신 저의 아버지께서 감을 즐기셨으므로 매년 가을이면 감 이백 개를 골라서 굴 속에 저장해 두었습니다. 그러나 제사를 지내는 5월까지 온전한 것은 고작 일곱, 여덟 개에 불과했었습니다. 그런데 금년에는 온전한 것이 오십 개나 되어 마음속으로 이상하게 여겼습니다. 이것은 하늘이 그대의 효성에 감동한 것이었군요." 하였다.

이렇게 말하고 감 스무 개를 내어 주었다. 도씨가 고맙다고 인사하고 문 밖으로 나오니, 아직도 호랑이가 엎드린 채 기다리고 있었다. 호랑이를 타고 집에 돌아오니 새벽닭이 울었다. 그 후에 어머니는 천명을 다 누리고 돌아가시자, 도씨는 피눈물을 흘리며 슬피 울었다.

▱ 도씨(都氏) : 조선조 철종(哲宗) 때의 효자.

賣 팔 매, 炭 숯 탄, 買 살 매, 闕 빠뜨릴 궐, 饌 반찬 찬, 晚 늦을 만, 忙 바쁠 망, 鳶 소리개 연, 攫 움킬 확, 索 찾을 색, 柿 감 시, 彷 방황할 방, 徨 방황할 황, 屢 자주 루, 遮 막을 차, 俄 잠시 아, 饋 먹일 궤, 嗜 즐길 기, 窟 구멍 굴, 顆 덩이 과, 俟 기다릴 사, 曉 새벽 효, 喔 울 악, 淚 눈물 루.

# 염의편(廉義篇)

품행과 절조에 대한 글

1

印觀이 賣綿於市할새 有署調者 以穀買
之而還이러니 有鳶이 攫其綿하여 墮印觀
家어늘 印觀이 歸于署調曰 鳶墮汝綿於
吾家라 故로 還汝하노라 署調曰 鳶이 攫綿
與汝는 天也라 吾何受爲리오 印觀曰 然
則還汝穀하리라 署調曰 吾與汝者 市二
日이니 穀已屬汝矣라 하고 二人이 相讓이라
가 幷棄於市하니 掌市官이 以聞王하여 幷
賜爵하리라.

인관이라는 사람이 장에서 솜을 파는데, 서조라는 사람이 곡식으로써 솜을 사 가지고 갔다. 이때 솔개가 그 솜을 낚아채 가지고 가서 인관의 집에 떨어뜨렸다. 이에 인관이 그 솜을 서조에게 되돌려 주며 말하기를,

"솔개가 당신의 솜을 물어다 우리집에 떨어뜨렸소. 그래서 되돌려드리는 것이오."라고 하였다.

서조가 말하길,

"솔개가 솜을 낚아서 그대에게 준 것은 하늘이 시킨 일이거늘 내가 어찌 되돌려 받겠는가?"라고 하였다.

그러자 인관이 말하길,

"그렇다면 (솜 값으로 받은) 곡식을 당신에게 돌려드리겠소."라고 하였다.

서조가 말하길,

"내가 그대에게 곡식을 준 후로 이미 두 차례나 장날이 지나갔으니, 그 곡식은 이미 당신의 것이오."라고 하였다.

이와 같이 두 사람은 서로 사양하다가 마침내 솜과 곡식을 장터에 내다 버리니, 시장을 관리하는 관원이 임금에게 이 사실을 보고해 올리자, 임금은 이 두 사람에게 다같이 벼슬을 내려 주었다.

▶ 인관(印觀)과 서조(署調) : 신라 때 사람들이다.

廉 청렴할 렴, 印 인 인, 觀 볼 관, 綿 솜 면, 署 마을 서, 調 고를 조, 穀 곡식 곡, 墮 떨어질 타, 與 줄 여, 屬 붙일 속, 讓 사양할 양, 棄 버릴 기, 掌 맡을(손바닥) 장, 官 벼슬 관, 賜 줄 사.

2

洪公 耆燮이 少貧甚無聊러니 一日朝에
婢兒踊躍獻七兩錢 曰 此在鼎中하니 米
可數石이요 柴可數駄니 天賜天賜니이다
公이 驚曰 是何金하고 卽書 失金人 推去
等字하여 付之門楣而待러니 俄而姓劉者
來 問書意어늘 公이 悉言之한대 劉曰 理
無失金於人之鼎內하니 果天賜也라 盍
取之닛고 公이 曰 非吾物에 何오 劉俯伏
曰 小的이 昨夜에 爲竊鼎來라가 還憐家
勢蕭條 而施之러니 今感公之廉价하고 良
心自發하여 誓不更盜하고 願欲常侍하오니

勿慮取之하소서 公이 卽還金曰 汝之爲良
물려취지           공    즉환금왈 여지위량

則善矣나 金不可取라    하고 終不受하니라
즉선의   금불가취           종불수

後에 公이 爲判書하고 其子在龍이 爲憲宗
후    공   위판서      기자재용   위헌종

國舅하며 劉亦見信하여 身家大昌하니라.
국구     유역견신      신가대창

  홍기섭이라는 사람은 젊었을 때 매우 가난하였다. 어느 날 아침에 어린 종이 좋아 날뛰면서 달려와 돈 일곱 냥을 바치며 말하길,

  "이 돈이 솥 안에 있었으니, 쌀 몇 섬이요, 나무가 몇 바리 어치입니다. 이것은 하늘이 내려주신 것입니다."라고 하였다.

  공(홍기섭)이 놀라며 말하길,

  "그게 어떻게 된 돈일까?" 하며, '돈을 잃은 사람은 찾아가라'는 글을 써서 대문에 붙이고 기다렸다.

  얼마 후에 유씨 성의 사람이 와서 대문에 붙인 글의 뜻을 물었다. 이에 공이 돈의 내력을 자세히 설명하자, 유씨가 말하길,

  "아무도 돈을 남의 솥 속에다 잃을 이치가 없으니, 그 돈은 필경 하늘이 내려준 것이오. 어찌 안 가지려 하십니까?" 라고 하였다.

  그러자 공이 말하길,

"나의 재물이 아닌데 어찌 가진단 말입니까?"라고 하였다. 그러자 유씨가 엎드려 절을 하며 말하길,

"소인이 어젯밤에 공의 솥을 훔치러 왔다가 가세가 너무 쓸쓸한 것을 안타까이 여겨 이 돈을 솥 안에 놓고 갔습니다. 소인은 이제 공의 청렴하심에 감동하고 양심이 절로 우러나와 다시는 도적질을 하지 않으려고 맹세하옵니다. 소인이 앞으로도 항상 옆에서 모시기를 원하오니, 염려마시고 이 돈을 거두어 주십시오."라고 하였다.

공은 즉시 돈을 돌려주며 말하기를, "그대가 착한 사람이 된 것은 참으로 좋은 일이나 그래도 이 돈은 내가 취할 수 없소." 하고 끝내 받지 않았다.

후에 공은 판서가 되었고, 그의 아들 재룡은 헌종의 장인이 되었으며, 유씨의 집안도 신임을 얻어 그의 집안이 크게 번영하였다.

> 홍기섭(洪耆燮) : 조선 순조(純祖) 때의 사람.

耆 늙은이 기, 燮 빛날 섭, 聊 애오라지(즐거울) 료, 婢 계집종 비, 踊 뛸 용, 躍 뛸 약, 獻 바칠 헌, 鼎 솥 정, 柴 나무 시, 馱 짐실을 태, 楣 문설주 미, 悉 다 실, 盍 어찌 아니할 합, 俯 구부릴 부, 竊 훔칠 절, 蕭 쓸쓸할 소, 价 청렴할 개, 誓 맹세할 서, 更 다시 갱, 憲 법 헌, 舅 장인 구.

高句麗 平原王之女는 幼時에 好啼러니

王이 戱曰 以汝로 將歸 于愚溫達하리라

及長에 欲下嫁 于上部高氏한대 女以王

不可食言이라 하여 固辭하고 終爲溫達之

妻하니라 蓋溫達이 家貧하여 行乞養母하니

時人이 目爲愚溫達也러라 一日은 溫達이

自山中으로 負楡皮而來하니 王女訪見曰

吾乃子之匹也라 하고 乃賣首飾하여 而買

田宅器物 頗富하고 多養馬以資溫達하여

終爲顯榮하니라.

고구려 평원왕의 딸은 어렸을 때 잘 울었는데, 왕이 놀려 말하기를, "너는 장차 바보 온달에게 시집보내겠다."고 하였다.

그 딸이(공주가) 자라자 왕이 상부 고씨에게 시집을 보내려 하니 공주는, "왕가에서 식언을 하면 안 됩니다."라고 하여 굳이 사양하고 마침내 온달의 아내가 되었다.

일찍이 온달은 집안이 가난하여 거리로 다니며 구걸하여 자기 어머니를 봉양하니, 이에 사람들은 그를 보고 바보 온달이라고 불렀다.

하루는 온달이 산에서 느릅나무 껍질을 짊어지고 돌아오니, 공주가 찾아와서 말하였다.

"저는 바로 당신의 아내입니다."

그 온달의 아내는 비녀와 장식품을 팔아서 밭과 집과 살림을 장만하여 매우 넉넉하게 되었고, 또 말들을 많이 길러 온달의 뒷바라지를 했다. 마침내 온달은 벼슬과 이름이 빛나게 되었다.

▶ 평원왕(平原王) : 고구려의 제25대(559~590) 왕이었다. 온달(溫達) : 고구려 평원왕 때의 장군으로 북주(北周) 무제(武帝)의 군사를 쳐서 대형(大兄)이라는 벼슬에 올랐음.

句 글귀 구, 麗 고울 려, 原 언덕 원, 啼 울 제, 戲 희롱할 희, 汝 너 여, 嫁 시집갈 가, 部 마을 부, 蓋 대개 개, 乞 빌 걸, 愚 어리석을 우, 負 질 부, 榆 느릅나무 유, 訪 찾을 방, 匹 짝 필, 飾 꾸밀 식, 頗 자못 파, 資 도울 자.

## 권학편(勸學篇)

배움을 권하는 글

1

朱子曰,
주 자 왈

勿謂今日不學而有來日하며 勿謂今年
물 위 금 일 불 학 이 유 내 일    물 위 금 년

不學而有來年하라 日月逝矣라 歲不我
불 학 이 유 내 년    일 월 서 의   세 불 아

延이니 嗚呼老矣라 是誰之愆고
연      오 호 노 의   시 수 지 건

주자가 말하였다.

오늘 배우지 않고서 내일이 있다고 말하지 말며, 금년에 배우지 않고서 내년이 있다고 말하지 말라. 세월은 흘러가는 것이라 나를 위해 기다리지 않는다. 아! 늙었도다. 이것은 누구 탓인가?

勸 권할 권. 逝 갈 서. 延 늦출 연. 嗚 슬플 오. 愆 허물 건.

2

**少年易老學難成**하니 **一寸光陰不可輕**이라 **未覺池塘春草夢**하여 **階前梧葉已秋聲**이라.

 소년은 늙기가 쉽고 학문은 이루기가 어렵나니, 짧은 시간도 아껴서 써라. 아직도 연못가의 봄풀은 꿈에서 깨지 못하였는데, 섬돌 앞의 오동나무는 벌써 가을을 재촉하는구나.

陰 그늘 음, 覺 깨달을 각, 塘 못 당, 夢 꿈 몽, 階 섬돌 계, 梧 오동나무 오.

## 3

陶淵明詩云,
도 연 명 시 운

盛年은 不重來하고 一日은 難再晨이니 及
성 년    부 중 래     일 일    난 재 신      급

時當勉勵하라 歲月은 不待人이니라.
시 당 면 려    세 월    부 대 인

도연명의 시(詩)에서 말하였다.

젊음은 두 번 다시 오지 않고, 새벽은 하루에 두 번 오지 않으니, 때가 이르거든 마땅히 학문에 힘써라. 세월은 사람을 기다려주지 않느니라.

> 도연명(陶淵明) : 이름은 잠(潛)이고 자는 원량(元亮)이다. 동진(東晉)의 은사이며 저서로 「도정절집(陶靖節集)」이 있다. '귀거래사(歸去來辭)'로 유명하다.

盛 성할 성. 重 거듭 중. 難 어려울 난. 晨 새벽 신. 勉 힘쓸 면. 勵 힘쓸 려.

## 4

### 荀子曰
순자왈,

### 不積蹞(跬)步면 無以至天里요 不積小流면 無以成江河니라.
부적규 보 무이지천리 부적소류 무이성강하

  순자(荀子)가 말하였다.
  반걸음도 쌓지 않으면 천 리에 이르지 못하며, 작게 흐르는 물도 괴지 않으면 강을 이루지 못하느니라.

---

積 쌓을 적, 蹞 반걸음 규, 流 흐를 류, 河 강 하.